「質の高い教師」とは何か

福井雅英

新日本出版社

目次

はじめに

本書の目的は、子どもの成長・発達を支援する教師が、現場で成長する道を考えることです。それは、子どもと応答する日常と教育実践を通して同僚と交流・共同し、保護者とかかわりながら教師として育つ姿を描くことになります。

「教師として成長したい」「もっと実践力量をつけたい」という願いを実らせるにはどうすればいいのでしょうか。それを考えようとすると、そもそも教師の成長とはどういうことか、実践力量の内実は何か、と問うことになるでしょう。二〇二四（令和六）年五月一四日、文部科学省は、「『令和の日本型学校教育』を担う質の高い教師の確保のための環境整備に関する総合的な方策について（審議まとめ）」を公表しました。抜本的な環境整備の処方箋《しょほうせん》は教員定数増だと明らかなのに、それに必要な財政措置に手をつけない言い訳のように読めるのは残念です。その問題点は踏まえつつ、「質の高い教師」という場合、どのような子どもに対する、どのような「質」かを具体的に考えてみることが大切だと思います。

本書ではそれを教科・学習指導に限定されない「発達援助の専門職」として考えたいのです。中央教育審議会答申[◆1]（以下、中教審）では、「教員の資質能力向上は我が国の最重要課題」と強調し「その職は高度に専門的なもの」だと指摘します。しかし、その意味は「国家社会の活力を作り出す重要な職である」というのです。つまり、中教審が教師に求めているのは「国家社会の活力」「国家の繁栄」のための人材育成だということになっています。本書では、子どもを人材とみるのでなく、一人ひとりの子どもをかけがえのない人生を生きる存在と見る観点から子どもの発達援助の専門職としての成長を考えていきます。その中心点はすべての子どもを「発達する生活主体とみる」ということです。

では、発達援助専門職としての教師は、どのように学び成長するのでしょうか。本書では、子どもとかかわる日々の教育実践とそのふり返りを通して育つ姿を見ていきます。教育実践のなかでの成長を考えるということは実践のふり返りがなければなりません。そのように考えていくと、これまで、「教師は現場で育つ」と言い習わされてきたことの意味を問い、深めることになります。教育実践と教職経験のふり返りを通して、「子どもに学び、同僚とともに育つ教師像」を描きますが、それは「教師が育つ現場をどうつくるか」を探究することにもなります。

教師が現場で育つには、主体的に学ぶ専門職としての自律性が尊重されなければなりません。ところが、そこに大きな困難があります。その一つに「研修履歴管理システム」がつくられたことがあります。これは各方面から批判の強かった「教員免許更新制」が廃止され、それに代わるものとしてつくられたのです。文部科学省は、「教育公務員特例法の改正により、公立の小学校等の校長及び教員の任命権者等による研修等に関する記録の作成及び当該履歴を活用した資質の向上に関する指導助言等を行う仕組みを整備した」◆2としています（これへの批判の詳細は第4章参照）。ここでの教師の「研修」は、「受講する」ものとしてイメージされています。しかし、「研修」の本義は「研究と修養」であることを踏まえれば、教師が「受講する客体」と想定されるのはおかしなことです。専門職としての処遇にふさわしく、主体性と自律性を尊重し、自ら学ぶ自由とその時間の保障など、現場で育つ条件をこそ整備すべきだと思うのです。

現場での研究は、よく言われる「理論と実践の往還」では不十分だというのが、私自身の経験から感じることです。「往還」と言えば、異なるものの間を行き来することになりますが、現場では実践と理論の結合が必要です。それを教師の仕事に即してみると、「往還」にとどまらず、「実践と理論の融合的展開」がめざされるべきだと思うのです。教師が目の前の子どもの発達課題をとらえ、それに応答して子どもへの働きかけを考える教育実践の構想、そして、その実践のふり返りをどういう言葉で語るのかを模索する。実践と理論の融合的発展の探究は現場での研究そのものです。

本書では、このような子どもに心を寄せる教師が、教育実践をふり返り、日常の子どもとのかかわりを同僚と共有し学びあいながら成長していく姿を描きます。

上記のような課題意識をもって、主には以下（①〜⑥）のような内容について、できるだけありのままの子どもの現実や具体的な実践を示しながら考えたいと思います。

①　まず、子どもと教師・学校の現実を深くとらえ、それをどう見るか、ということです。

困難がいっそう深まっています。小・中学生の不登校が三〇万人を超え、教師の過労も深刻で、精神疾患などでの休職も毎年過去最多を更新する状態です。また学校では教師の未配置による欠員も解消していません。最も基本的な条件整備も不十分なのです。こうした困難の根源には社会構造的な問題があります。これを視野に入れて、その厳しい現実のなかで求められる教師の専門性や専門力量を改めて考えたいと思います。

② 子ども理解にかかわる専門性を基礎に据えることです。

子どもの抱える困難をリアルにつかむということ自体が、専門的な力量を必要とする重要な課題です。目の前の子どもと応答し信頼を形成しながら、子どもがその困難を乗り越える道をともに考えるには、子どもの生活丸ごとを理解し困難の全体構造を考えなければなりません。ですから、本来、教育的な指導は子ども理解なしに成立しません。子どもの生活にかかわりながら発達援助としての教育指導を考えようとすれば、このような深い子ども理解が求められるのです。具体的に考えても、学校における教師の仕事の中心は事象対応型で、子どもの示す事実にとっさに反応することの連続です。指導案を考えて臨む授業においても、実際の場面を考えればそうなのです。その子への理解の状況が教師の応答に表れます。とっさの反応の根拠を掘り下げると、それは身体化された臨床知だとも言えるでしょう。子ども理解の質や深さがそれを規定するのだということを考えないわけにはいきません。

③ 子どもの課題をその子の生活の中でとらえ、発達援助の実践を考えることです。

学習上の問題と見える背後に家族の問題や子どもの貧困といわれるような複合的な問題が伏在していることはしばしばあります。そのような社会的な問題を把握することが、子ども理解のベースに据えられなければなりません。心身の機能的な問題もその中において考えることが大事だと思います。今日求められる教師の実践は「学習指導」の枠内に収まりません。子どもの学びを十全に保障しようとすれば、ケアに欠ける子ども期の問題などに向き合わなければならないのです。そこには多様な福祉ニーズをも見ることになります。ですから、さまざまな社会資源を活用・組織して、その家族自身が生活を高める主体に成り行くための援助が必要です。家族支援の視点を持って福祉的援助を考えることも大事な視点です。生活綴方《つづりかた》の実践（本書四〇頁以降、または一六四頁参照）の中で、「子どもを丸ごとつかむ」と言われてきたことを深めたいと思います。「丸ごとつかんだ子ども」を、「丸ごと援助する」という発達援助の実践が必要だからです。

④ 子ども理解の方法を深めることです。――「子ども理解のカンファレンス」（事例研究会）の試み。

広い社会的視野のなかで、目の前のその子をどう理解するかが問われます。それに応えるには、子どもの示す具体的な事実をとらえ、その意味と実践を探究する同僚との共同が必要です。そのような、子ども理解と実践論議を深める場として私は「子ども理解のカンファレンス」[◆3]を提唱し、実践してきました。そこでの教師の子ども研究は、子ども一般ではなく特定性を持った「その子研究」であり、それだけに、定型を破り創造的な実践を考える場でもありました。それは校内においては関係する会議の質を変えることへの挑戦でした。その具体的な内容を描きます。

「子ども理解のカンファレンス」の取り組みは学校内の研究会に限りません。学校の外でも、学校の枠を越えて子どもや実践のことを自由に語り合い交流する場があれば大いに可能です。私は滋賀の自宅で月に一度、愚痴や悩みを吐露し子どもや実践を語る気楽な小さな研究会を続けてきました。スタートは「雑誌『教育』を読む会」として始めたものですが、今では私の手製カレーを食べながら交流するので「カレーの会」と呼ばれています。何でも言える気楽な場がほしいという参加者のニーズに応えて今の形になったのだとふり返っています。また、札幌では在勤時以来「よいところゼミ」という、居酒屋を会場にした実に気楽な集まりを続けています。これは開店時間前から小上がりを提供してくれた居酒屋の女将《おかみ》の好意がありがたかったです。学校の日常生活の悩みや愚痴を聞き取り、問い返し、教育実践記録にまとめてもらうこともありました。それらには研究会や学会での発表、雑誌への執筆などにつながったものがあります。

⑤「教師は現場で育つ」をバージョンアップする。

「教師は現場で育つ」――いまこれを考えることが大事だと思います。私がこの言葉をはじめて聞いたのは、三〇歳で赴任し長く勤務することになった中学校の先輩教師からでした。そこには、押しつけられる研修に対抗し自ら学ぼうとする現場教師の気概があったと思います。「まともに教員養成を受けていない」といういくらかの負い目を持っていた私には、これは大きな慰めと励ましの言葉として響きました。先輩の言葉は、教師としての自律性と主体的な学びへの自負に支えられていたのだと思います。勤務校では、全教員が毎学期に実践レポートを書いていました。それは「八幡《はちまん》中学校の教育」という集録にまとめられます。年三冊つくられるこの冊子が校内研究のテキストになりました。指定される研修を「受ける」以上に重要なこととして、職場の同僚の実践記録を読み合い、子ども論議を深め、実践上の課題や目標を検討し、教科の枠を越えて毎学期の授業研究を進めていました。夏休みには、教育研究団体の研究会にレポートを持って参加するように呼びかけられました。先輩たちは若い私の問題関心をよく見ていたのでしょう。「行ってみようかな」と思うような研究大会や分科会をタイムリーに紹介してくれました。

研修管理など教師の自由で自主的な学びを阻害する動きに流されず、教育の自律性、教師の主体性を守るためにも、現場で育つことの意味や方法を問い直し、教師が学び成長するコミュニティの形成についても考えます。「ダメ出しされた」という受けとめにならないような、支え合い学び合う論議の進め方にも熟達する工夫が要ると思います。

⑥　教師として生きる喜びの根本には、子どもとの人格的結合があります。子どもと「魂あいふれ」あって、子どもの心に希望の火をともすことです。それは、子ども

が成長発達する上で直面する課題や困難に向き合う力を、子どもの内側から育てることを意味します。心にともした希望の火は、その子の行く手を自ら照らす灯火《ともしび》です。そのような先行実践に学びたいと思います。さまざまな課題を抱えながらも、具体的な実践でその課題に迫ろうとしてきた教師のしごとを紹介し検討します。

上記のような思いを込めて、「子どもの現実が求める教師の専門性・専門力量」について、子どものリアルな実態や心ある教師の具体的な実践をもとに論じたいと思います。そこから「子どもと教師が育ち合う学校づくり」を考えたいのです。

本書は全六章で構成しました。

注

◆1　二〇一五年一二月の中央教育審議会答申「これからの学校教育を担う教員の資質能力の向上について」。

◆2　「改正教育公務員特例法における令和5年4月からの教員研修に関する運用の留意事項及び関連情報について」文部科学省総合教育政策局教育人材政策課（事務連絡令和五年三月三〇日）。

◆3　福井雅英『子ども理解のカンファレンス――育ちを支える現場の臨床教育学』（二〇〇九年、かもがわ出版）。

第1章　どんな教師でいたいか——教師像を描く

これから教師をめざす人も、いま教師でいる人も、自分が「なりたい教師像」を持っているはずです。しかし、実践上の困難を抱えた教師の多くは、未来にむかって自らの教師像を描くこと自体がしにくくなり、むしろ、子どもと学校の現実に直面して自分の教師像や教育観が揺らぐという事態に立ち会わされているのではないでしょうか。たとえ描いたところで、それこそ「絵に描いた餅」で、実現する道が見えないということもあるでしょう。さらにまた、求める教師像と現実の勤務実態の落差から苦悩と葛藤の中にいるという場合も多いでしょう。

私は当初描いた教師像が、子どもとかかわることを通して変容したと自覚した経験があります。そのことにも触れて書いてみました。教師像を描き直すということは、教師として自分が何を大事にしたいかを再確認することになります。

この章では、まず、自分の持つ教師像を対象化し、当たり前に思っている自分の中の教師像がどのように形成されたのかを考えてみてほしいのです。そして、子どもと学校の現実をしっかりとらえて、それに対応できる教師像はどのようなものかを探究していきたいと思います。そのためには、社会の中の学校、地域の中の子ども・家族といった視点が大切です。学校のあり方も、子どもの生活も、社会と時代の複雑な状況と結びついています。同様に、教師もまた同じ社会状況の中で生きていきます。そうした視野を持って自分の教職人生を描いてみてほしいと願っています。

1　自らの教師像を問い直す

みなさんは、そもそもどんな先生になりたいと考えて教職を目指したのでしょうか。自分の描く教職像は多くの場合、なぜ教職を目指すことになったのか、きっかけが何だったかとも関連するようです。「教職論」の授業の受講生で、「素敵な先生との出会い」をあげる人が結構いるのはうれしいことでした。「進路で悩んでいる時、相談に乗ってくれた」「受験の前に補講してくれた」「部活でともに汗を流した」などという声もありました。進路相談が印象に残っているので、進路相談のできる教師になりたいとか、受験の前に補講できる教師になりたいというわけではないでしょう。子どもの側から見れば、教師の個別の行為の背景にある「その時子どもであった自分の、一番のニーズに応えてくれた」ということが大事な問題ですね。子どもが一番切実に求めているものにかみ合った教師の応答が印象に刻まれているのです。子どものニーズに応える教師と言えばよいでしょうか。

そうすると、教師の側から言えば、その子がどのようなニーズを持っているかをつかむことが大事だということになります。多様な子どもがいて、それぞれのニーズにも違いがあり、そのニーズも整理されて出ているものばかりでなく、屈折した表現や、時として伏在しているものもあるわけです。それを把握して的確に応答するというのは教師の高度な専門力量です。

教職論の授業でこうした内容を取り上げると、授業の感想には、「自分の教師像が大きく変わった。教科書に書いてあることをうまく伝えればよいのだと思っていたが、それだけでなく、相当奥の深い仕事だと思った」などという記述が出てきます。

不登校やいじめ、複雑な家庭背景や貧困の問題なども取り上げると、「まじめで良くできた自分のような子ども」だけでない、さまざまな背景を持った子どもがいること、そして、教師になるとそうした子どもを相手にするのだ、ということが認識されるようになり、教師の仕事の複雑な総合性にも気づくことになります。自分の知らない生活世界で、自分の体験してきた育ちのストーリーとは別の物語を生きている子どもたちがいることが浮かび上がるわけです。しかも、こうした子どもとの応答は、授業時間中だけ、教室の中だけでは完結しないのです。

多彩な物語を生きている子どもたちと向き合い、教師として、自分ならどう関わるかと考えることが求められます。教職は対人援助の専門職であり、「自分という人間」を使って、「独立した別の人格である子ども」に働きかける仕事です。ですから、子どもの人格の尊重とその子への理解が必要であると同時に、教師の側も人間としての自分を磨いていく必要があるわけです。看護職においても介護職でもそれは共通する課題ですが、学校における教職の特性としては、子どもを教え育み、その対象が集団的な存在だということがあります。特定の個別の子どもへの応答を集団の中で行うという難しさも加わるわけです。学校生活は集団で行われていますので、学級・学校という集団の中で生活している子どもを見るとき、子どもと子どもの関係を考えるという目も必要になります。その際、子どもが所属している集団の特質も考慮しなければなりません。そして、子ども同士をつないで社会的な連帯性を育てるのです。これは教科指導・教科外指導の枠を越えて常に考えるべき指導観点です。このように考えると、「黒板の前に立って教科書を教える授業者」というイメージの教師像は大きく問い直されることになります。教科などの学習指導においても、子どもの関心をつかみ、知的な興味へと展開するには子ども理解がそのベースになるのです。

2　子どもと学校の現実を見つめ直す

近年の中学校の要注意日は九月一日だと言われてきました。夏休み明けです。二学期を迎える中学生の自殺が集中するのです。各地の教育委員会では、この時期に自殺予防の対策に取り組んでいるところもあります。二学期が始まるのが死ぬほど辛いと思って、子どもが死を選ぶのはどうしてでしょうか。要注意日に関わって何件もの同様のニュースが報道されるわけですから、「死を選んだその子どもが弱かったのだ」ではすまない問題だと思います。自殺を考えながら辛くも思いとどまった子は、既遂《きすい》の子どもの何倍もいるに違いありません。いま、子どもは何に苦しんでいるのかを考えなくてはなりません。子どもの内側から問題をとらえる視点が必要です。学校は、子どもの命を輝かせるという使命を持っています。その学校が、子どもの命を削る場になっているとしたら、学校で働く教職員は学校のあり方そのものを問い直さなければなりません。

そもそも、学校とは何か。本来、学校は社会においてどのような役割を期待されているのか。それはまた、人間にとって教育とはなにかという問いにもつながります。

著名な経済学者の宇沢弘文《うざわひろふみ》は、「ゆたかな経済生活を営み、すぐれた文化を展開し、人間的に魅力ある社会を持続的、安定的に維持することを可能にするような社会的装置」を「社会的共通資本」と呼び、学校教育をその重要な要素と位置づけました。◆1 そして、宇沢は、教育の意味を次のように述べています。「一人一人の子どもがもっている多様な先天的、後天的資質をできるだけ生かし、その能力をできるだけ伸ばし、発展させ、実り多い、幸福な人生をおくることができる一人の人間として成長することをたすけるものである」。

幸福追求権（日本国憲法第一三条）の基底的な保障と言うべきでしょうか。同条には、以下のようにあります。「すべて国民は、個人として尊重される。生命、自由及び幸福追求に対する国民の権利については、公共の福祉に反しない限り、立法その他の国政の上で、最大の尊重を必要とする」。

このような教育と学校の社会的な役割を踏まえて、子どもの目線で教育と学校の現実を問い直す必要があります。歴史的視点や社会的視点の中で吟味することだと思います。そのような視点を持てば、出来合いの規範を振りかざして「こうあるべき、こうあらねばならない」という「ベキ・ネバ症候群」から距離を取って子どもに寄り添うこともできるでしょう。いま学校現場では、「○○スタンダード」などという呼び方で、学習上や生活上の目標・スタイルを示しているところもあります。それが、規範性を強めると、努力目標にとどまらずに子どもにとっての桎梏《しっこく》になる危険があります。

学校における規範性の強まりが縛るのは、子どもだけではありません。本来は支え合う教職員の同僚関係にも大きな影を落とします。教師同士が自由な論議ができずに、縛り合う関係で息苦しくなるのです。そうなると、自分の人間的感性を生かすよりも出来合いの規範に従うことが優先され、「マニュアルに縛られた教師が子どもを縛る」ということになりかねないと危惧するのです。

教師の実践を縛る問題として、気になるのは、「特別扱いはダメだ。平等に扱え」という声や眼差《まなざ》しに縛られるということがあります。「平等性」の強調は、本来は積極的な意味も持っていたはずです。しかし、今日では子どものニーズにかみ合った実践を創ろうとするとき、貧困を背景にした生活上の不利を抱える子どもに対しても、合理的配慮や必要な支援に踏み出せないプレッシャーになる危険が増えていると思います。

さらに、教師の人間的な感性を語るとき、見逃すことのできない問題として、教師の日常の労働が、密度濃くきわめて多忙だということがあります。土日の部活動指導も含め、「過労死ライン」（月八〇時間の時間外労働）を超えるほどの超過勤務が問題になっています。文科省が二〇一六（平成二八）年に実施した「教員勤務実態調査」[2]の結果によれば、中学教諭の六割近くが「過労死ライン」を超えて働いていることが明らかになりました。このような長時間労働に加えて、子どもや保護者の困難に向き合う対応には、葛藤も生まれストレスを含む過重さが問題になります。全国都道府県教育長協議会も二〇一七（平成二九）年三月に「教員の多忙化解消について」という報告書を出すに至っています。[3]しかも、この状況が解消されないまま今日まで継続しているのです。このように余裕のない中では、困難な子どもに心を寄せることを求めるのは過酷なことです。先輩教師たちは「教師の労働条件は子どもにとっての教育条件」だと言って条件改善に取り組んできたのですが、こうした教師を巡る社会状況を改善する努力も緊急に求められていると言えます。

3　社会の中の学校・地域の中の家族と子どもをとらえ直す

　前項で、子どもと学校を歴史的・社会的視点でとらえ直すことの大切さを指摘しました。では、いま現実の学校を歴史的・社会的視点で眺めてみると、どのような問題が浮かび上がるでしょうか。

　子どもを巡っては、「子どもの貧困」が社会問題として注目を集めるようになっています。厚生労働省によれば、子どもの貧困率は一六・三％で、六人に一人が「貧困児童」だといいます（二〇一二年）。二〇一三年には「子どもの貧困対策推進法」が成立しましたが、事態が大きく改善したとは言えません◆4。社会政策学者の阿部《あべ》彩《あや》は「一八歳から三九歳の比較的若い年齢で、薬物依存、ホームレス、若年妊娠、自殺など極度の社会的排除の状況に追い込まれてしまった人々の子ども期からの生活史を丁寧に調べ」、「彼／彼女らの圧倒的多数が子ども期を貧困の中で過ごしており、金銭的困窮以外にも複数のリスクを抱えていた」と報告しています◆5。

　社会的排除の風潮が強まるなか、学校に自分の居場所がないと感じる子どもがいます。以前勤務した大学で、ある学生は「高校生の時は障害者用トイレでお弁当を食べていた」と教えてくれました。一緒に食事する友だちがいなくて、まるでよその教室に行くようなふりをして障害者用のトイレにこもったというのです。彼女はその理由を、「教室で一人で食べるのは地獄だし、友だちが居ないんだと思われるのは絶望だ」と説明しました。このような体験を誰にも言えず、大学生になって初めて授業感想の中で打ち明けたといいます。教室に居場所がないと感じる中では、能動的な深い学びを追究するのは難しいでしょう。学級がどの子にとっても安心できる居場所になり、先生や友だちが信頼できる相談相手だといえるような学校にしていきたいものです。

重複した困難を抱える子どもは、多くの場合、その家族や家庭への支援をも必要とします。そのような子どもにとっては、自分が困難を抱えていることに気づいてくれる大人の存在が何よりも必要なのです。子どもが身近に接する家族以外の大人として、教師がそのような子どもの困難に気づくことで大きな役割を果たすことができます。気づいた教師が一人で問題を抱え込むのでなく、同僚と相談し学校としてできることを考えるとともに、学校内外の専門職や社会的なネットワークを生かしていけるようなコーディネートの力量が必要になります。学校と教師をこのような社会状況の中に置いてみれば、今の時代を生きる教師の専門的力量として、社会的に存在する子ども支援のネットワークを知り、それを活用していくようなコーディネート力も期待されると思います。

北海道の高校養護教諭である山形志保は、「『貧困』は多くの場合、『低学力』『病気』『虐待』

『犯罪』『家族離散』など、その他の困難の要因や結果としてともに存在しており、単に経済的側面の解決を図るだけで子どもの生活が保障されるというような単純なことではなくなってきている」といいます。そして、「１人の生徒、一つの家庭を幾重もの困難が取り巻いているケースに出会ってきた中で、私が特に重要だと感じているのが人とのつながり、コミュニティの側面である」と述べるのです。それは養護教諭として、困難を抱える生徒たちに関わってきた実践経験に基づいていて説得力があります。「貧困状態での孤立、あるいは関係性の貧困といったことが『貧困問題』における事態の深刻さをよりいっそう深めていると感じる一方で、この側面にこそ、問題を解決していく希望の灯が立ち現れているのではないか」◆6という指摘は、中退した女子生徒を自宅に引き取り、しばらくは、料理を含む生活づくりをともにするなどしながら、地域の福祉専門職や支援ネットワークとつながり、何年にもわたる元生徒の再生の長い道のりを見つめてきた支援実践に裏付けられているのです。

このような実践記録を読むと今日の子どもの困難を解決する取り組みは、福祉的な支援が欠かせないと感じますし、その福祉的支援がその子の成長にとって意味あるものになるよう教育的に組織されるといいと思います。これも上述した教師のコーディネートの力が発揮できるといいでしょう。

4　教職生涯を描き直す

私の現場教師経験は、小学校教師五年、中学校教師（社会科）二六年です。三一年間の教師生活で、子どもと向きあいつつ自分の教師像を何度か描き直してきました。それは自分の持っている教職観が転換したと感じることでもありました。そのことを紹介しながら私自身の教職生涯を素描して、読者の皆さんが教職生涯を理解する参考に供したいと思います。

（1）めざすは「文化のタネを蒔く教師」だったが……

もともと教員養成学部の出身ではなく、法学部の学生で教師になるつもりもなかったので、大学時代に教員免許は取得しませんでした。市役所職員として働いていた二三歳の時に、友人の父親であった教師の語りを聴いたことが教職をめざすきっかけになりました。四国山地の山の中の小さな学校を転々とした教師だったその人は、「どんな山の中でも、村があれば学校があり、学校には子どもがいる。学校には同僚もいて、地域に父母がいる。そんな日本の隅々で文化のタネを蒔《ま》く。それが教師の仕事だ」と言ったのです。これを聞いて一念発起。それから教員免許を取得しました。二五歳で小学校教諭になり、三〇歳で中学校に異動しました。「日本の隅々に文化のタネを蒔く」という言葉こそ、私を教職に駆り立てた「天の声」だったのです。

中学校の社会科で、人権、平和、民主主義など大事な文化のタネを蒔こうと思いました。中学生の「荒れ」が社会問題にもなった時代です。暴力と破壊が渦巻く中学校で、空回りしながら何人もの「やんちゃ坊主」と関わりました。悪戦苦闘の数年を経て、あるときふと気づいたのです。教師がタネを蒔くということは、タネを持つのは教師だということになる、これは違うのではないかと思いました。このように振り返れば、教壇の上から「文化のタネ」を蒔くと嘯《うそぶ》いた私の教師像は、教師主体の啓蒙《けいもう》主義的教師像だったのです。

では、タネはどこにあるのでしょうか。

(2)「タネは子どもが持っている」——子どもとの出会いによる気づき

子どもの暴力や破壊行動が繰り返され、すぐにはどうにもならない困難に直面して、その攻撃性を理解しようとしたとき、その子を突き動かすような攻撃的な感情がどこから生まれどのように噴出してくるのかを考えました。家庭訪問を繰り返し生活の現場で子どもの生きる姿を見たとき、その攻撃性は、「どう生きればよいのか」を問い求めて吹き出すマグマのようなものだと思いました。その子に自分のやりたいことや挑戦の筋道が見えたとき、マグマは見事に流れ出しました。そのようなドラマに出会いながら、「タネは子どもが持っている」のだと得心したのです。子どもが持つタネは、当然ながらみんな違い、芽の出る時期も咲く花も、成る実にしても同一のものはあり得ません。子どものうちに深く胚胎《はいたい》されたタネの存在を信じて、光を当て水をやるのが教師の仕事なのだと考えるようになりました。その気づきに至るまでは、「粒ぞろい」や「粒より」を求めているような教師で、一人ひとりの子どものかけがえのなさが後景に下がっていたのだと振り返っています。

(3)「タネを持つ存在だと自分を信じられる子どもを育てる」
——子どもの困難と自己否定感

しかしその後、自分がタネを持つ存在だということを、その子自身が思えなくなっているのではないかと考えるようになりました。象徴的な言葉に出会ったのです。「どうせ俺なんか」とか「どうでもいいんや」などの捨て鉢な子どものセリフです。さらに、子どもの自殺が社会問題になって、彼や彼女の痛切な遺書の中に自己否定感の極みのような言葉を読むことになりました。

二〇一六年の夏休み明け、青森県の中学校二年生が自殺しました。残された彼女の遺書には、次の言葉が残されていました。「……みんなに迷惑かけるし、悲しむ人も居ないかもしれないくらい生きる価値本当にないし……」（毎日新聞二〇一六年Ｗｅｂ版、八月三〇日付）。彼女は学級や部活動の中でいじめに遭い、絶望したように見えます。しかし、そこで絶たれた望みは、悲しみや苦しみを共に感じてくれる人を求め、自分の生きる意味をつかみたいという望みなのだと思います。その思いを断つことなく、どう活《い》かすのか。教師や周りの大人にそのことに気づいてほしいという願いも伏在しているのは間違いありません。

このように考え、「子どもの内面の真実に出会える教師に育ってほしい」という願いと期待を持って教師志望の学生の皆さんに向き合ってきました。

（4）教師として何を大事にするのか

そうはいっても、教師が目の前の子どもの内面の真実に出会うのは、教師を取り巻く条件からもなかなか厳しいことだと思います。

二〇一七年三月、福井県池田町の中学二年生が自殺しました。この件について、「池田町学校事故等調査委員会調査報告書」[7]が出されているので、その内容を見てみましょう。この男子生徒は、頑張って取り組んでいた生徒会役員について「担任から生徒会を辞めるようにとの叱責や、副担任から弁解を許さない理詰めの叱責など、関わりの深い担任、副担任の両教員から立て続けに強い叱責を受け、精神的なストレスが大きく高まった」結果、「担任、副担任の厳しい指導叱責に晒《さら》され続けた本生徒は、孤立感、絶望感を深め、遂《つい》に自死するに至った」とされ、報告書は「学校の対応に問題があったと言わざるを得ない」と指摘しています。報告書は「本生徒の経歴と事実経過」を丹念にまとめ、「中学二年生の一〇月以降、課題提出の遅れや生徒会の活動準備の遅れなどを理由に担任や副担任から厳しい指導叱責を受けるようになり、教員の指導に対する不満を募らせていった。叱責を受け、課題の遅れなどに適切に対処できない日々が続く中で、精神面における外傷的な体験をし、自己評価や自尊感情を損な」ったと指摘しています。

そして、報告書にはこの件をもとにした「提言」も書かれています。そこには、生徒についての理解、教職員の情報共有と学び合いの重要性が以下のように指摘されています。

「とりわけ中学校段階では、教員は生徒の学習活動の遅れや生活態度に目がいきがちになるが、根底にある発達特性を踏まえた生徒理解が必要である」「教師は自己研鑽《けんさん》だけでは優れた教師にはなれない。教師は生徒指導に関し、同僚との指導事例の語りと傾聴の中で、自己の指導の限界を知りより適切な指導を導き出していくことができるものである。学校の中に、生徒のことに関して気軽に話し合う教師同士の学び合う文化を構築していかなければならない」

この提言が指摘するようなことが課題になる背景をどう考えればよいのでしょうか。それについては、福井県議会が注目すべき意見書◆[8]を出しています。

「池田中学校の事件について、学校の対応が問題とされた背景には、学力を求めるあまりの業務多忙もしくは教育目的を取り違えることにより、教員が子どもたちに適切に対応する精神的なゆとりを失っている状況があったのではないかと懸念するものである」「『学力日本一』を維持することが本県全域において教育現場に無言のプレッシャーを与え、教員、生徒双方のストレスの要因となっていると考える。これでは、多様化する子どもたちの特性に合わせた教育は困難と言わざるを得ない」と指摘し、具体的な項目では、「子どもたちが自ら学ぶ楽しさを知り、人生を生き抜いていくために必要な力を身につけることが目的であることを再確認し、過度の学力偏重は避けること」「教員の多忙化を解消し、教育現場に余裕をもたせる」ことなどを上げています。

この「意見書」も示すように、今日の教師の労働環境に目を向ければ、「過労死ライン」を超えるような長時間で過酷な勤務実態があります。子どもの発達援助の専門職として、現に生きている子どもを巡る対応を後回しにできない厳しい状況が生まれるのも事実です。しかしまた、子どもの発達上の課題、教育上の課題を把握するためには、人間的な感性を磨いていくことがとても大切で、疲労が蓄積する中では困難なことです。「教師の勤務条件は子どもの教育条件だ」と言われるのはこのような教師の労働の特質を示している言葉です。専門職として勤労者として、心身ともに健康で働き続け、教師として成長していくために、労働条件を含む教育条件の整備を求めて教師自身が社会的に発信していくことも重要な課題だと思います。

◆注

◆1 宇沢弘文『社会的共通資本』(岩波新書、二〇〇〇年)、四頁。

◆2 文科省が二〇一六年に実施した「教員勤務実態調査」。教職員指導体制の充実、チーム学校の推進、学校の業務改善の推進等の教育政策について、これらが教員の勤務実態に与える量的・質的な影響を明らかにし、エビデンスを活用した教育政策の推進に必要な基礎的データを得るため、「教育政策に関する実証研究」の一つとして、教員の勤務実態に関する調査研究を実施したもの(平成二八・二九年度の二か年計画で実施)。

◆3 全国都道府県教育長協議会第四部会、平成二八年度研究報告No.4「教員の多忙化解消について」(平成二九年三月)。また、平成三〇年には、第三部会が、「平成二九年度研究報告書No.3」を出しました。「教職員の長時間労働を解消するための業務改善(働き方改革)について」平成三〇年三月全国都道府県教育長協議会第三部会。

◆4 厚生労働省によれば、二〇一二年調査で、子どもの貧困率は一六・三%で、六人に一人が「貧困児童」でした。二〇一三年には「子どもの貧困対策推進法」が成立しました。二〇一五年の子どもの貧困率は一三・九%で、前回調査時より二・四ポイント改善しましたが、ひとり親世帯の子どもの貧困率は五〇・八%と半数を超えています。子どもの貧困率は改善傾向にあるものの、子どもの七人に一人がまだ貧困状態にあり、その後、高止まりしているのが実情です。ひとり親世帯の貧困率は相変わらず五割を超えています。先進国は二割未満の国が多く、経済協力開発機構（ＯＥＣＤ）加盟国の中では依然として最低水準にあります。（「平成二八年国民生活基礎調査」結果による）。

◆5　阿部彩『子どもの貧困Ⅱ――解決策を考える』（岩波書店、二〇一四年）、一六八頁。

◆6　山形志保「貧困と孤立のなかで生きる子どもたちの育ちと暮らし――高校保健室で出会い寄り添う」教育科学研究会編『子どもの生活世界と子ども理解』（かもがわ出版、二〇一三年）、三四頁。

◆7　池田町学校事故等調査委員会調査報告書。地元紙福井新聞が概要版の全文を報道した（二〇一七年一〇月一九日、福井新聞）。

◆8　福井県議会「福井県の教育行政の根本的見直しを求める意見書」（平成二九年一二月一九日）。福井県議会は、福井県池田町立池田中学校で二年の男子生徒が飛び降り自殺した問題を受け、一九日の本会議で、県に教育行政の抜本的見直しを求める意見書を提出した（毎日新聞二〇一七年一二月二〇日　福井地方版）。

第2章　子どもに学び、同僚とともに成長し続ける教師

教員採用試験に合格して教職に就いても、それが教師として一人前であることの証明にはなりません。子どもと触れあい、同僚と学び合って、実践を探究し、教職生涯にわたって成長し続けるのが本当の教師だと思います。教育公務員特例法第二一条でも、「絶えず研究と修養に努めなければならない」とされています。しかし、任命権者が計画する研修（官制研修）が、教員のニーズに合致しないという不満も多く聞かれます。本章では、教師の主体的な研修の重要性に鑑み、子どもに学び、同僚とともに成長し続けるには、どのようなことが大切か、日本の良質の教育実践と私自身の経験をもとに考えます。何よりも、自らの実践を記録し、ふり返り、同僚と学び合いながら子ども理解を深めていくことの重要な意味を理解してもらいたいと思います。

1　子どもに学び成長する教師

(1) 子どもに学ぶとはどういうことか

社会全体に「即戦力を求める」というような風潮が広がっています。即戦力と言われると、「何でもテキパキと処理する。マニュアルをうまく身につけていて問題に即応できる」などというイメージが浮かんできます。学校の現場では、成長・発達途上の生きている子どもを相手にして、授業以外の場でも日常的に生起するさまざまな事象に対応していくことが求められます。対応を考える際に定石や定型のようなものがないとは言えませんが、対象となる問題は不確定で複雑な要因が絡み合っていて、たとえ「経験知」のように語られることであってもそのまま通用することは少ないのです。教育実践は、特定の子どもと特定の教師が、一回限りの応答の展開の中で生み出すドラマであって、もともと創造的な行為です。指導計画を立て、指導のねらいをもって子どもの前に立っても、目の前の子どもの理解の状況や反応によって臨機応変に展開するところに教師の専門力量が表れます。

力量ある実践家が、実に「臨機応変」としか言いようのない応答をするのを目の当たりにして感心したことは何度もあります。「臨機」は子どもをよく観察し深く理解することによってしかつかめません。また、「応変」は自分の判断によってふさわしい応答を選択するということです。引き出しをゆたかにして応答する選択肢を蓄えておくのは望ましいことではありますが、問題は「いつどの引き出しをどう使うのか」という判断です。教師としてのそのような判断力を不断に高めていくのが実践力量をつける根本にあります。ではその判断を確かなものにするにはどうすればよいのでしょうか。目の前の子ども（言動、表情、雰囲気など）をよく観察し、その子の内面で起きていることがらを想像できなければならないのです。私は「その子の内面の風景への想像力」と表現してきました。子どもの内面をピンポイントで絞り込むようなことはできません。それよりも、その子の生活から内面世界をイメージし、心情もその風景の中で考えてみることだと思うのです。こういうことかな、こんな感じかな、とその子に思いを馳《は》せながら働きかけて、その応答を吟味していくしかないのだと考えてきました。その努力が「当意即妙」の応答を創る力になるでしょう。

(2) 生活主体としての子どもを理解する

学校に毎日登校し授業で教室の机に向かっている子どもの姿を、教師は所与の条件として想定していないでしょうか。子どもはランドセルに教科書だけを入れて登校してくるのではありません。生活そのものを背負って、喜怒哀楽も抱え込んでやってくるのだという理解が必要です。教師が気になるその子は、朝、目が覚めた時、何を思ったのでしょうか。登校するまでにさまざまな葛藤が生じることもあるでしょう。教師は晴れ晴れとした気持ちで学校に向かってくれることを期待しがちですが、子どもの生きる現実はそれほどのどかではないと言わなければなりません。その子の生活の現実からその子を理解していくことの大事さを強調するゆえんです。

子どもたちを学習主体として考えようとするとき忘れてはならないのは、これまで述べてきたように、子どもをまず生活主体として考えるということです。子どもが自分の生活の中で、何を楽しみ、何に苦しみ、どのような問題に向き合って生きているのか、を考えることは、その子の発達課題・教育課題をとらえる上で大事なことです。それは子どもの発達的・教育的ニーズとその表出の仕方にかみ合って指導を構想する土台になります。子どもの生活と学習を分離したままでなく、つないで考えるということです。かつて「科学と教育の結合」と「生活と科学の結合」が対比的に扱われたこともありました。私は「生活と科学をその子において結合する」ことを考えます。生活に根ざして学び、生活を高め世界を拓《ひら》く学習を構想したいのです。学習の内容と方法においても生活と科学を結合することをめざしたいと思います。

（3）生活綴方の教育実践に学ぶ

教職論の授業で、そのような先駆としていくつかの生活綴方《つづりかた》の教育実践を取り上げ、本書第5章でも詳述する青森の生活綴方教師・津田八洲男《つだやすお》の実践などを紹介しました。生徒指導においても、教科での指導においても、子どもの生活世界とその中でその子の生きている姿を深く理解することが出発点だと思います。

津田は、子どもの書いた作文や日記や詩を学級通信に載せて、学級で読み合い家庭にも届けます。子どもの作品とその作品に寄せた津田のコメントをいくつか読みました。

◇は津田先生のコメントです。

「ちょこっとないた」　青森・堤小三年　清人　（一九八五年）

学げい会をやっていると／きゅうにお母さんのことを思いだして、ちょこっとぼくはないた。／どうしているかなあと、上をむいてないた。／お母さん、／はやくはやくかえってきて。／ぼく、まっているから。／先生もよろこぶかもしれないし、／ぼくもよろこぶから。／はやくかえってきて。

◇学芸会の練習をしています。ステージにたって合奏の練習です。一番前の清人君は急にお母さんを思い出して泣くのです。この日、病気のお母さんは治療のために、大阪のほうに飛行機ででかけたのです。だから「上をむいてないた」なのです。「はやくはやくかえってきて」という清人君の叫びが聞こえてきます。この詩を職員室で読んだとき、涙を止めることができませんでした。家でガリ切りをしているときもです。三年生の十月、母親を亡くした私と清人君を重ねて考えていたのでしょうか。この詩を書いた日が清人君の九歳の誕生日でした。何も力になれないけれど、せめて心の支えにだけはなりたいと思ったのです。◆1

この詩には続きの物語があります。清人君の母親は治療の甲斐《かい》なく、四年生の夏休みに亡くなります。そのことを同じクラスの篤仁君が詩にしました。

「つらくてもがんばってね」　青森堤小四年　篤仁

ワダカン公園で清人君に会った。／なんだか、やせているようだった。／清人君に声をかけよう。／けど、とし君から電話で、／清人君のお母さんがなくなったときいたので、／なんとなく声をかけたくなかった。／声をかけてはげましてやろうか。／思いだしたらつらいから、／こえをかけないでおこうか。／ぼくはまよった。／清人君は、／「よう、あっちゃん、なにやってんの。」／と、自分から声をかけてくれた。／ブランコにのりながら、二人で話した。／清人君のお母さんに、／ぜんぜん関係ない話をした。／「清人、ねぶた祭り見にいった。」／「うん、見た。」／清人君がいった。／そのあと、急に清人君がしょんぼりした。／ぼくの耳の近くで、小さい声で、／「おれの母さん死んじゃった。」／と、さみしそうに言った。／ぼくは、／「知ってたよ。前、とし君にきいたよ。／新聞にものってたよ。」／といった。／清人君は、／「やっぱり新聞にでたのかあ。／このことだれにもいわないで。」／といった。／清人君は、一人でブランコをこいだ。（一九八六年）

◇夏休み中、清人君のお母さんが亡くなってしまいます。その清人君と公園で会うのです。「声をかけてはげましてやろうか／思いだしたらつらいから／声をかけないでおこうか」と、篤仁君は迷うのです。清人君の気持ちを考え、清人君のお母さんとまったく関係のない話をするのです。こういう気づかいをする篤仁君を本当にかわいいなあと思います。清人君は急にしょんぼりし、篤仁君の耳元で「おれの母さん死んじゃった」と、小さな声でさびしそうに言うのです。心許した友達だから言わずにおれないのです。◆2

子どもの作品をみんなで読み、その真実の声を丁寧に聞き合う教室を作り出した津田の実践は生活綴方のひとつの到達点を示すものだと思います。この実践記録を読んで感じたことは、子どもの生きる姿に寄りそいながらその子の人生の物語を共有するとき、教師の子ども観や人間観が深く耕されるのだということです。教師が子どもに学ぶ内容は直接的な教育の技術や方法に止《とど》まらず、子どもの人間的な願いに呼応する営みを紡ぎ出すことではないかと思うのです。
栄養教諭をめざすある学生は授業感想に次のように書きました。

「子どもを成長させる実践」（生活栄養学科　ＴＭ生）

今日の授業で、日々の生活で感じたこと・考えたことを文にして書いて、それを共有することに様々な効果があるんだなと思いました。子どもにとっては、自分の心に整理をつけて解決策を改めて考えられる場になるし、コメントをもらうことで先生からの温かい応援があることに気づけ、それを共有することで、周りの親だけでなくクラスメイトからも深い理解を、何もしないときよりは確実に得られると思います。こういう取り組みを考えだした先生方は本当にすごいなと尊敬しました。子どもの成長を促し、考えを深めさせることのできる実践を、栄養教諭の立場から考えることもできるのではないかと希望をもつことができました。

この学生は津田実践にも触れて、自分のめざす実践像を「子どもの成長を促し、考えを深めさせることのできる実践」だと描きました。津田は子どもに心を寄せ、深い人間的共感に根ざして慈愛に満ちたコメントをどの子にも寄せています。このような教師と子どもの人間的応答が軸にあってこそ「子どもの成長を促し、考えを深めさせること」ができるだろうと思います。

2　教師の成長――子どもとの出会い

津田は教職に就いた最初からこのような教師ではなかったと自らを振り返っています。もともと教師になりたいとは思わなかった津田は、「二年浪人し、仕事しながら勉強しても合格できるような大学に入り、そこが教育系であったため、当然のように教師になっただけ」と言い、文学を勉強したかったのだと述べています。中学校の国語教師になった津田は文学かぶれで、「ときおり感情的になり、意のままにならない子どもに制裁を加えたりする、自分本位で傲慢な教師でした」と言うのです。当時のことを振り返って津田が書いているところを見てみましょう。

六〇年代後半、厳しい減反政策が農家に危機をもたらしていました。冷害で自殺者さえ出る状況のなかで親の生活苦を目の当たりにし、受験戦争の渦に巻き込まれ荒れている子どもたちの内面をわかろうともしなかったのです。知識さえ与えていればという暢気《のんき》で考えの浅い教師だったのです。ただ、そんな自分に嫌悪感を抱き、教師の仕事は自分に合わ

ないと自己擁護をしながらも、何度か本気で辞めることを考えていたことも確かでした。◆3

津田は生活綴方の実践に学び、「子どもの気持ちを知りたい・子どもと心つなげたい」というのが自分の求めていたことだと気づいたと言います。「私には自分を変えたいという切実な願いがありました。教師が真実自分を見つめて変わろうとする時、その思いや言動は、必ず子どもたちの心に食い込んでいくものだと確信させてくれた」と言い、「教師の仕事を腰掛け程度にしか考えていなかった私の不遜な態度を、『本物の教師』を追求する姿勢に転換させてくれた」のが子どもとの出会いだったと述べています。

そして、「子どもの書くものは何であれ、子どもそのものだ」といい、「うまい文章を書かせるのではなく、子どもの思いこそ、もっとも大切にしなくてはならないと心に刻んだ」というのです。そして、「子どもたちに、書きたいことがいっぱいあると気づかせるのが私の仕事」だと考えます。また、「子どもたちが生み出す詩は宝物です。この宝物は学級という場でみんなの目にふれ、いっそうの輝きを増していきます。生みだした子どもの心がみんなに伝わっていくのです。『心がひびきあう』のです」◆4。

こうして、「心ひびきあう」教室づくりが津田の大きな仕事になり、深いつながりを持った子どもたちが育っていったのです。このような津田の編集した詩文集『心ひびきあう』は子どもの詩と教師のコメントで構成された実践記録です。津田は教職生涯を通して子どもの作品を大事に残し、学級通信や文集で学級の子ども・父母と共有してきたのです。

3　実践記録をどう書くか／どう活かすか
――応答を軸に実践を記録する

日本の教師が書いた実践記録には、生徒指導、教科指導、学級づくり、学校づくりなど多彩な蓄積があります。ここでは、記録を取り、実践記録を書くことの意味について、私自身の経験を通して感じてきたことをもとに考えてみたいと思います。

小学校の産休講師から教職生活を始めた私は、小学校教師で担任を五年経験した後、三〇歳で中学校の社会科教師になりました。私学の法学部出身で、小学校の教員免許を通信教育で取得したこともあり、教育についてまともに学んだことがないという思いが強かった私に、「教育について」、「教師という仕事について」考えることを迫ったのが、その中学校での体験でした。先輩・同僚、何より生徒に育てられ鍛えられたのです。それを自己形成につながるものと受けとめられたのは自分の実践を記録したからだと思うのです。

（１）教師の仕事の特質と記録

教師の仕事のほとんどは、子どもとの間断ないやりとりで、事象対応型の仕事です。子どもが登校すれば、立ち止まって考えることも難しい忙しい時間が過ぎていきます。その中で、瞬間のとっさの判断と行動の選択が迫られるのです。中学校教師になりたてのころ、子どもの困難な事実に直面し、どうしてよいか分からず立ちすくむような場面で目の当たりにした先輩たちの対応が、根拠ある判断を基にした行動だったことに感心したものです。そのような先輩たちの多くが、自分なりに工夫したノートを持っていました。「人に見せるようなものじゃないよ」と言いながら、私に見せてくれたノートは、文字通りの走り書きや備忘メモを含んで雑多な記録の集積であり、いろいろなことが書き込まれていました。

私の教師人生で一番長く勤務したその中学校では、毎学期、校長を含む全教員がＢ４判一枚以上のレポートを書き、年三冊の実践報告集が発行されていました。赴任した当初はレポートに何を書けばよいのかも思い浮かばず苦労したものです。しかし、先輩たちがそう苦にする風でもなく、自分の手元のノートを見ながら書いたレポートは、とてもリアルで読み応えのあるものでした。私も見よう見まねで、生徒の作品を手元に残し、意識して記録を取り始めました。何本かのレポートを書くうち、メモや記録をつないで読み返していくとテーマが浮かんでくると感じられるようになりました。多忙な中で記録することを自分に課すのは、考えることを自らに迫ることだと思うようになりました。

(2) 何を記録するか

教師教育に関わるようになって、若い大学院生に教育記録の重要性を説いても、最初は「何を記録すればよいか分からない」という反応が返ってきました。「気になったこと、印象に残っていることを記録するのだ」というのですが、それも簡単ではありません。子どものさまざまな事実は確かにあるはずなのに、目に入らないのです。「見れども見えず」の状態なのだと言えるかもしれません。それはつまり、自分の「眼《め》」ができていないということなのです。そうは言っても、一日を振り返って何か記憶に残ったこと、気になったことはあるはずです。そして、それがなぜ気になるのかがその時よく分からなくても、そこには何らかの問題や意味が必ず含まれているのです。ですから、事実をメモするということは、その意味を考えるスタート地点に立ったということです。ノートを広げてその日書いたメモを読み直す、場面を思い浮かべる、なぜ気になったかを考えるのです。これを繰り返しながら記録し続ければ、見えるものや見え方が変わってきます。それは問題発見の力がついていくということであり、とりもなおさず認識が深まるということです。

そして、はじめは断片のようなメモ群ですが、読み返して関連するものをつなぎ、文脈化するのです。それは子どもの事実と実践の意味の発見であり、記録をもとに、より意識的に意味づける努力は実践を再構成することになります。

（3）どのように書くか

子どもの姿と自分の実践をリアルに記述し、分析し考察を加えたものを「実践記録」と呼びます。では、実践記録であるためにはどのように書けばよいのでしょうか。私が若い同僚たちに言っていたのは、「大事なのはリアリティだ」「具体的な事実を書け」「真実は細部に宿る」などというセリフでした。子どもの事実を過剰な修飾語を排して淡々と書くのが大事だと思うのです。一般的な言葉や概念的で曖昧な言葉を使わないことです。簡単に一般化せず、その子固有の問題を考える手がかりになるように書くのです。当時の私には何かすぐに問題を一般化したくなる傾向がありました。これは私の反省です。

ある子どもに注意をしたことが気になっていたというような場面を例にとると、「ダメでしょ」と言った言葉ひとつでも、子どもにはどう響いたかが考えられるように書くのです。当然、子どもの反応も具体的に書くのです。「ダメでしょ」と書いても、文字面だけでは、叱責か、たしなめか、あるいは別の方向への促しか、などは判断できかねます。自分の意図を思い返し、それが分かるように書く工夫が要るでしょう。声の大きさやトーン、表情、周りの雰囲気を思い返して書こうとすれば、自分の言葉や対応を吟味することになります。また、教師の働きかけは必ず子どもによって働き返されるわけですから、その吟味は子どもの反応の深い観察と結びつきます。そのようにして自分の対応を省察することになります。私の苦い記憶には、「無視された」ということがあります。「無視」という子どもの反応は教師の感情を強く揺さぶる働きかけだったと思います。当時は「沈黙を聞け」などと言ってその意味を考え合うことで自分の葛藤を越えていったのだと思います。その過程で、「ああでもない」、「こうでもない」と考えたことを同僚と共有することの重要性に気づいていきました。それは現場における教師の研究だったと振り返っています。

4　実践記録を書くことの意味

このようにして記述した実践記録とは何でしょうか。指導案や指導細目を実践記録と言うことはできないでしょう。実務記録でなく実践記録と言うためには、実践の目的、内容、方法、結果を記述し考察することが必要です。教師の願いを込めた働きかけの内容と方法を考えるのですが、そのためには、子どもへの深い理解が求められます。子どもの示す瞬間の表情、雰囲気などの重要性にも気づくことになります。子どもの発達を見通す、教育的ニーズをつかむ、何を子どもの真実と考えるかが重要なベースです。そこからそれにかみ合う働きかけを考えるのです。そうすれば無意識のうちに行っているように見える子どもへの働きかけを意識化することになります。その働きかけは、本来、知・徳・体を含む総合的なものです。それだけに、教師の主体的で創造的な実践が重要で、それは教育活動を主体化するということです。ですから、そこに教師の生き方が浮かび上がるのです。

（1）振り返りと学び合いこそが教師の成長の確かな保障

記録を取ることは、教師としての自己形成の確かな保障になるでしょう。それはすでに触れたように、教師の専門性の特質に根ざしたふり返りにつながるからです。現場にいて創造の主体になる教師は、現場研究者です◆5。繰り返し強調しますが、そのような教師にとって、実践記録を書くことは、自分を振り返って考えを深めることであり、同僚との学び合いのオリジナルテキストを持つことになるのです。さきに紹介したように、私が長く勤務した中学校では、年間三冊の実践記録集が作られ、夏休み中にはそれを資料にした合宿研修会で、同僚の実践記録を検討し合っていました。こうした経験の同僚との共有が、後に「子ども理解のカンファレンス」（事例研究）[6]を生み出すことにつながったと思います。
みなさんも教師として成長していくために、生活綴方に限らず、日本の教育遺産であるすぐれた実践記録を大いに読んで学び、自らも実践記録を書いてほしいと思います。

注

◆1　津田八洲男編『児童詩集　心ひびきあう――津田学級から生まれた詩』（ノエル、二〇〇八年）、一二六頁。

◆2　同書、九八～九九頁。

◆3　同書、四頁。

◆4　同書、七頁。

◆5　この問題は、教師のプロフェッショナル・ディベロップメントとして、国際的にも教育改革のキーワードになっています。それを考えるときの核心は、教師の自律性（オートノミー）だといえるでしょう。それは教師の恣意的な判断の許容でなく、子どもの人間的な発達に責任を負うという責任に根ざした判断が求められるという高い倫理性を伴います（この点の参考文献、稲垣忠彦『教師教育の創造』評論社、二〇〇六年）。

◆6　「子ども理解のカンファレンス」については、拙著『子ども理解のカンファレンス――育ちを支える現場の臨床教育学』（かもがわ出版、二〇〇九年）を参照。

第3章　子ども理解と「子ども理解のカンファレンス」

そもそも、子ども理解とはどういうことでしょうか。

目の前のその子がどんな子か、その子の成長・発達上の課題は何か、発達主体としてのその子がどのような暮らしの中にいて何を考えているのか、それらを考えずに教師の働きかけ（教育実践）はないはずです。その子と関わり応答しながら理解は深まり、働きかけの質も方法も変えていくのが教育実践の実相です。だから、子ども理解こそ教師の教育活動のベースだと言えます。本章では、これに関連して考えていること四点について述べます。一点目は「子ども理解の重要性とその難しさ」について、二点目は「子どもの表現と子ども理解をめぐる教師の専門性」について、三点目は「教師の育つ場の保障——専門性を高める実践コミュニティの形成」について、四点目は「子どもの育ちを支える現場の教育研究と子ども理解のカンファレンス」について、です。

1　子ども理解の重要性とその難しさ

（1）「子どものサインを見逃すな」と言われて

中学生の自殺が社会的な問題になったとき、「教師は子どものサインを見逃しているのではないか」という声が非難を含んで聞こえてきました。「子どものサインを見逃してはいけない」というのはそのとおりですが、「何がサインなのか」「どういうサインなのか」を見分けることはとても難しいことです。それが「サインかもしれない」と思うのは、「なんだか気になる」と「教師のアンテナ」が反応するときです。このアンテナの感度が磨かれていて微細な電波をキャッチする状態を維持するのは、教師の専門性に属することだと思います。それは子どもに心を寄せて子どもとの関係づくりをすすめることにもつながります。子どものなかに「この先生にならサインを出してみようか」という気持ちが動くようになってほしい。それだけに、教師に心身のゆとりが必要であり、そのための条件整備が大切です。具体的な事例で考えてみましょう。

例えば、「あの子最近ちょっと元気がないがどうしたんだろう。窓の外を見てぼーっとしていることが時々あって気になる……」というような場合。

「最近ちょっと元気がない」という気づきがまず重要ですが、それは、これまでのその子の姿を知っていて生まれるものです。一人の子どもを時間の流れの中で観察していたから見えた姿です。「授業中なのに集中が足りない」と、その場面だけを切り取って問題を指摘するのとは違います。「どうしたんだろう」という思いが湧いてくるのは子どもへの心の寄せ方として大事なことです。「ぼんやり窓の外を見て……が時々ある」のはなぜか。子どもの置かれた状況への関心をもとにして想像してみます。その子の内面で何が起きているのかを考える教師の想像力が大事なのです。その授業の学習上の問題か、家庭生活で何か悩みがあるのか、放課後の部活が気になるのか、友だちとの関係か、などなど。想像力の根拠になるのは自分の見た子どもの姿とその生活への理解です。そして、子どもと直接関わって自分の想像を吟味しながらその子への理解を深めていきます。

しかし、そこにも困難な問題はあります。後に述べるように、子どもが簡単には「本当のことは言わない」という場合が多いのです。「最近疲れているのか？」「何か心配ごとがあるの？」などとその子に声をかけても、その子が「この先生に相談しよう」と思うような関係性を形成していなければ、「別に……。大丈夫です」と応えて、それ以上踏み込むこともなく過ぎていくかもしれません。サインを出す場合も、野球のサインのように、受け手との間で意味が了解されているものと違い、気になったにしても、兆候とか予兆というような、意味そのものを解明しなければならないとき、その決め手はその子への理解の質と深さです。そこに重要性と難しさがあるのです。

(2) 子どもの表現の読み解き――生活からの子ども理解へ

子どもの言動などが気になったとき、それを、その子の何らかの表出・表現と受け止めて考えてみることが必要です。そして、それを生みだすその子の生活感情や論理を理解したいのです。その際、教師内部に壁が生まれるのもよくあることです。教師を縛るその壁の一つを、私は「ベキ・ネバ症候群」と呼んできました。「あるべき姿」が先にあって、それに照らして「ベキである」「ネバならない」と考えてしまうと、子どもの状況をありのまま受け止める眼《め》が曇ります。子どもより規範を優先する「ベキ・ネバ症候群」は、教師を縛る病理になっています。ともすれば「論理（理屈）」で子どもに向き合ってしまうような教師にとっては、その子の生活感情への理解という発想も得にくいのではないでしょうか。私が長く勤務した「荒れた」中学校では、先輩から「家庭訪問の量は指導の質を変える。量から質への転化だ」などという名言を伝授されました。困難を抱えた子どものところに「夜討ち朝駆け」の家庭訪問を繰り返していましたが、それは子どもの生活の現場を見ることでした。暴力や校舎破壊などが続き、簡単には改善できなかったとき、許されない言動に走るその子の攻撃的な生活感情はどうして生まれるのかを考えました。生活感情を理解しようとして、私は「その子の生活世界に分け入るのだ」などと言っていました。とは言え、生活環境・条件を知るというだけでは、外側からの理解にとどまります。その状況のなかで、その子がどのように暮らしているのかを考えます。保護者との関係や対応を含めて、現にある環境・条件に、その子が生活のなかでどのように応答しているのかをつかむのです。よく使われる「生育歴」などとは言わず、私が「生活史」という言葉にこだわってきたのもそれを意識してのことでした。そして、目指すべきは、その子が自分の生活に向き合って生活認識を高め、自らの生活を変えていく主体になることです。その援助をどうつくるか。生活綴方《つづりかた》の教育実践に学んだのもこのことです。その子の生活状況とそこで生まれる生活感情をつかめば、その子に心を寄せて掛ける声も対応も変わる。つまり指導の質が変わるのです。

このような実践を追求するうえで、今日の困難は、先に触れたように「本当のことは言えない」と思っている子どもが多いということです。「こんなことを言えば周りからどう思われるか、友だちからも外されたくない」などと思ってしまうのです。まじめに頑張ってきたように見える子どもの内面にも「本当の自分を出せない」という葛藤があります。大学の教職課程の授業感想でそのことを書いた学生がいました。

本音を話しても誰も嬉しくないだろうし……

……自分が小学生の頃は、勉強面や成績についてほめられるのが嬉《うれ》しくて、一生懸命に授業で挙手をしたり、レスポンスペーパーなどの感想も大して思っていなくても先生が好むかなと思うコメントをしていました。……何かを決める時は、自分のやりたいことなどよりも都合のいい方を選んでいました。本音を話しても誰も嬉しくないだろうしと無自覚に思っていたのだと思います。そして今、自分はデザインについて学んでいますが、自分があまりにも先生の言うことを聞きすぎていて、自分の考えから創るデザインができていないことに気付きショックでした。授業を受けて自分の過去をふり返ってみた時に、自分の幼少期を見て、あの頃からもっと素直な子になれていれば自分は違ったのかなと考えてしまうのです。……幼い頃から自分の考えを表現することの喜びに気づかせてあげることができたら、自分の人生を辛く悔やむことのない生徒がもっと増えると思います。

この学生は「もっと素直な子になれていれば」と振り返っていますが、むしろ素直だったからこその反応だったと思うのです。

学校で怒られた経験というのがほとんどない

私はこれまで、学校で怒られた経験というのがほとんどない。先生方の期待する範囲内の行動をし、成績をおさめてきました。だがそれ故に、私は「正解」から外れてしまうことを恐れるようになってしまった。何か間違ったことをしてしまわないように、自分の意思をふり返るよりも、先生の期待するものを予想して、そこに合わせていってしまう。結果、感想文や意見文はいつもきれいごとであるし、自分の本当の考えではないことも多い。先生や友だちに失望されたくなくて、自分のダメな所、汚い所を打ち明けることもできなかった。……悩みや葛藤を一人で抱え込むことになる。「正解」の枠をつくってしまうということは、そこから外れた子どもを否定するということだ。……素直な気持ちを表せるようになるということは、自分のすべてを受け入れてもらっていると感じられ、そして、おそらく同様に他者のすべてを受け入れられるようになるということのように思う。子どもが自身の素直な気持ちを表せるようにするには生活綴方のように、子どもが気持ちを述べる機会をたくさん設け、それに対する反応を返してやり、どんなことを述べても受け入れてもらえるのだと思ってもらえるようにすることが必要なのだ。

この学生は「先生の期待するものを予想して、そこに合わせていってしまう」という自分が、「正解」に縛られて「素直な気持ち」を表せないよう歪《ゆが》められてきたとふり返っています。それは「正解から外れた子どもを否定することになる」というのです。そして、「素直な気持ちを表せるようになるということは、自分のすべてを受け入れてもらっていると感じられ、そして、おそらく同様に他者のすべてを受け入れられるようになるということのように思う」という考察につながっています。

2　子ども理解をめぐる教師の専門性——教師の想像力と社会認識

子どもの苦悩に心を寄せて、そのつらさを受けとめ、子どもとともに考えたいと思います。そのためには、子どもが生きる社会状況についての認識が問われます。社会の現状をのっぺり肯定的に見るような状況が広がり、それに適応できないのは「子どもが悪い」と見てしまう風潮の方が支配的だと思います。それは子どもにとっては「よい子でいなければいけない」という抑圧になっているのではないでしょうか。一見、何の問題もなくまじめに頑張っているように見える子どもにも「本音を出せない葛藤」があるのではないかと考えてみる。そして、葛藤を生んでいるのはこのような社会的な抑圧だと認識する。上記の学生感想が示すのは、そのような理解がない大人への警告だと受け止めるべきではないかと思います。

生活感情についても述べましたが、その子の生活感情を含む内面の風景への想像力が発揮されなければなりません。そしてそれを実践の構想力に展開する。ここに教師の専門性と面白味《おもしろみ》ややりがいがあると思います。内面の風景への想像力は子どもの置かれた状況への理解があって確かなものになるでしょう。子どもとその家族、地域を含む社会状況が、どのように子どもの人間的成長に影響しているのかを考えるのですが、その子が自分を取り巻く環境条件にどのように応答しているかを見ていくような子ども理解が必要だと思います。そのためにも、子ども理解を深める教師の社会認識の広さと質を考えたいのです。それには管理や統制の強まりからどうすれば自由になれるかを考えなければなりません。支配的な風潮や言説を多角的に吟味してみることが必要です。広く流布する言説に流されず、それを相対化し対抗構想を描くには、政策動向や社会状況に広く目を向けなければなりません。そのような機会を提供していた教職員組合の影響力の縮減もあるなか、教師の主体的な学習の場を作り出す努力がいっそう求められていると思います。

3　教師の育つ場の保障
――子どもと実践を自由に語り合う学びのコミュニティ

学校現場における教師の精神疾患や、新任教師の自殺や退職、「ブラックな働き方」、教師の欠員などが社会問題として取り上げられるようになっています。とはいえ、正規教員の抜本的な増員などをはからないままでは、困難な課題が重なっている状況は大きく改善しそうもありません。しかし、このような危機の深まりは一方で新しい共同の可能性を生み出さざるを得ないとも思います。

文部科学省の周辺では「学校では年配教師がいなくなって経験の継承などはできないので、研修を充実する」などの議論がありました。私はそれではうまくいかないと思います。そこの議論には教師の仕事の特質や専門性の形成過程への理解がないからです。教師の力量形成を考えるとき、「教師は現場で育つ」というのが基本だと思います。その基本を大事にして「教師が育つ・教師を育てる現場をどうつくるか」を考えたいのです。

(1) 研修栄えて教師枯れる

私はこれまで、一〇年経験者研修の講師や免許状更新講習の講師も務めてきました。その中でひしひしと感じるのは、「先生方が疲れている」ということでした。まず、会場に入ってくるときから首をうなだれて、「できるだけ後方の目立たない席に座って、ともかく今日はゆっくり休みたい」というオーラが出ているのを感じました。私自身の現場教師時代を思い出してよくわかるのです。「官制研修」と言われる制度化された研修が増える一方です。しかし、それだけの研修をやって、どんな効果が上がったかという検証はありません。現場の教師の感覚からいえば、研修を命じられるたびに、かえって研修意欲は阻喪《そそう》するというのが実情でしょう。ですから「研修栄えて教師枯れる」という表現があたっていると思うのです。「疲れているから目を開けたまま寝るワザがほしい」と言った人もいました。このような状態で「制度的な研修」を積み上げても子どもにとって大きな効果は期待できません。

新任教師についていえば、教職のスタートから「即戦力」とか「実践的指導力」とかの言葉に囲まれ、まるで経験的な力があるかのように振る舞うところへ追い込まれています。それが、若者らしい良さを消し、教師自身を縛るという問題を生んでいると思います。教師の専門的な技量は、授業でも生徒指導でも、現場に出て先輩の仕事を見習いながら、試行錯誤の中でつけていくものだと思うのです。経験知を蓄え磨き上げ、応用力を高める修行のようなものだと考えられます。

このような臨床知と技量を身につけるには、内発的な研修意欲が決定的に大事です。それは子どもを前にして、自分自身で「ああでもない、こうでもない」と考える時間を持つことと結びついています。

(2) 「教師は現場で育つ」を内実化する努力を――持続的共同熟成型成長モデル

「教師は現場で育つ」ということの眼目は、子どもと触れ合いながら実践の中で育つということです。実践は一つひとつのケースが一回かぎりで、向き合う問題は特定の子どもの非常に複雑な要因の重なったものです。そういうものにぶつかりながら、その場に身を置いて自分の頭でどうするか考えることで成長するのです。優秀なモデルを描いて学んでも、それをある場面に適用すればどこでもうまくいくというようなことはありえません。「子どもと触れ合う」というとき、その「子ども」は子ども一般でなく、固有名のあるその子だけの生活史を背負った子どもで、生活感情を持った特定の存在なのです。同じことは父母や学級についても言えます。ですからマニュアルは通用しないのです。

教師の毎日の仕事というのは、ほとんど直感で処理するような仕事です。瞬時、瞬間に何らかの判断をして子どもと対応する、事象対応型の仕事です。じつは、その瞬間の判断に相当な専門性が蓄積されているのです。発問を事前に考えている授業においても、だれを指名しようかなと考える、その子を選ぶその瞬間の判断では非常に複雑な要因があるわけです。子どもとの応答の中で、ある子が前の日の日記に書いていた問題が浮かんで授業展開につながるような場合もあるでしょう。またある場合には、あの子とこの子はさっきの時間、ああいう言い合いをしていたから、あの子を指名したら、次はこの子に当ててみようとか、子どもの関係性を考える場合もあるでしょう。教師はこのように瞬時の複雑な判断と選択を繰り返していくという仕事をしているわけです。生徒指導の現場だったら、その瞬間の判断の結果、手痛い目にあうということもあります。そういうことを繰り返しながら成長していきます。ですから、子どもと接する場面で、直感とかセンスとか、そういう言葉でしか言い表せないような複雑さと微妙さは教師の専門性が試される核心的部分なのです。

このような専門的技量を実践の現場で高め豊かにするには、「実践しつつ考える」、「交流を通して振り返る」というような省察が必要です。私は教師の成長を、「持続的共同熟成型成長モデル」とでもいうようなイメージで考えたいと思っています。ですから、制度的な研修の多くが個別教師の個人力量追求型になっていることにも問題を感じているのです。

（3）子ども理解のカンファレンスの試みから

「荒れた」中学校にいた現場教師のころ、学年会や生徒指導部会を臨床的な事例研究（カンファレンス）の場と位置づけるように考えてきました。「絶対に許せない」と思える子どもの言動を巡っても、具体的な事実を詳細に検討し、さしあたりの指導の手立てを考え合うのです。その際、「子どもの生活への理解とその子の内面の風景への想像力」などということを強調しました。それは指導対象の子どもを生活主体としてとらえ直すという意味を持ったと思います。カンファレンスの場で、子どもの生活を深くとらえることにより、教師が指導困難と感じる子どもの言動も、子どもの困難、父母の困難とつないで考えるところへ接近するわけです。そこには子どもと家族の社会的孤立というような問題も伏在していました。

そのようなカンファレンスの中で特に私が意識していたのは、子どもの示す事実がどのようにその子に選択されているのか、それを考えようということです。手がかりはその子の生活感情とその子なりの物語を読み解くことです。例えば、暴力を繰り返している子どもの「人を殴りたくなる」ような攻撃的な生活感情はどうして生まれてくるか、ということを考え合うのです。

困難な子どものことを具体的事実でリアルに語ると、それは一面では子どものことを語っているようでありながら、教師が自分のことを語ることにもなります。「自分にはこう見える」

と、教師としての自分の「子どもの見方」を語っているわけです。それを続けていくと、子どもの事実を共有しながら、教師の見方や考え方、指導の力点をどう考えているかということをお互いに理解し合う教師同士の関係性が生まれました。

このような実践経験を踏まえて、現場における教師の研修は、現実に直面している問題の意味を考え深めあうようなものになればよいと思うのです。ふり返りと学びあいこそがそうした研修の鍵でしょう。それは先輩たちが営々として築いてきた「現場で育つ」努力に光を当てることになるだろうと思います。私が目指したいのは、ふり返りと学び合いの場の再構築・再創造です。そう考えて「子ども理解のカンファレンス」◆1の実践と研究を続けてきました。

(4) 新しい共同を考える

新任教員の自殺、若年での退職など深刻な事例から見えるのは、学校職場において支え合う関係が希薄になっているということです。この状況を打開しながら専門技量の向上を考えようとするとき、心配や疑問を何でも言えて実践が交流できる状況をつくることが必要だと思います。風通しのよい学校づくりは、教職員が互いに支え合う関係を創り出すポイントだと思うのです。その際、広く使われている同僚性ということをもう少し吟味して考える必要があるのではないかと思います。同僚性とは、一般的には専門家の集団が所属職場をこえてその専門性を高めあう、いわば職能的な磨き合う関係を表す言葉でしょう。しかし、日本の学校の現場ではチームワークとか共同性をも同僚性という言葉で表してきたと思います。それだけではなくて、働く者の連帯性という意味が込められることもあったと思います。いま同僚性という言葉で求められている内容は、働く者の連帯性と、専門性を高めあう職能的な共同関係が重なり合うコミュニティだろうと思います。

若い教師も苦しいのですが、その苦しみの根源はベテラン教師を追い込むものと通底します。ベテランであるだけに簡単に弱音を吐けないということもあります。心ある教師は、「一番しんどい子がいられるような教室にしたい」というわけですが、苦しんでいる教師の安心できる居場所が必要です。職員室をそのような場所にする努力が求められます。子どものことや実践を語り合いながら、職場で困難を抱え苦しんでいる同僚の声に耳を傾け、ため息や愚痴やつぶやきを拾えるようになってほしいと思います。その努力が「教師は現場で育つ」という基本を復権させ、職場に新しい共同と連帯を創り出す一歩になると思うのです。

（5）ふり返りと学び合いの場を——校内研究の質を変える努力

現在、精神疾患による教師の休職者数が高止まりです。過酷な労働環境、自由で創造的な実践を萎縮させる抑圧的な管理。そのような大変な状況の中でも頑張っている実践家たちが各地にいます。そういう教師たちが集う生の声を聞くような研究会に参加すると、「子どものことを語り合って教師は元気になるのだ」と感じることがよくあります。重い雰囲気で始まった研究会でも、子どものことを語り出した教師は顔を上げ、声にも徐々に力が入ってきます。子どものことを自由に語り合うのは、実践のコミュニティが形成されるということです。目の前の子どものことを軸にして、気づきや考察を交流・共有することによって、自分だけの体験が対象化され、それを経験として自ら意味づけることにもなります。また、コミュニティ全体にとっては集団の経験として生きた知恵になるのです。このようなふり返りと学び合いは、日常的に取り組めるもっとも基本的な研修です。またそれは、知識や方法・技術だけでなく、専門職としての教師の倫理性も高めることになるのは間違いありません。こうして形成される同僚関係は、創造的な実践を生みだす土壌です。破綻した免許更新制の後を受けてつくられ、いろいろな批判がある「研修履歴管理システム」でさえ、職場における「主体的な研修」の重要性に言及しています。自らの専門性を高める自己形成の自主的・主体的な努力が真に尊重されるべきです。

　研修を受ける客体から脱して、「教師は現場で育つ」と自負を込めて語ってきた先輩たちは、「教師が育つ現場をつくる」努力を重ねてもいました。「子ども理解のカンファレンス」はそうした努力を引き継ぐ今日的な実践の一つの試みだと思っています。それは子ども論議を深めるために校内の会議の質を変える模索の結果たどり着いたのですが、元をたどれば故稲垣忠彦《いながきただひこ》先生（東京大学名誉教授）との出会いと「授業のカンファレンス研究」（稲垣忠彦・佐藤学）に学んだものです。カンファレンスは、何の気兼ねもなく、率直に子どもの示す事実を具体的に語り合う場でなければなりません。先に述べたように、「自分にはこう見えた」と語ることになるわけですから、子どもの様子を語ることは教師自身を語ることにもなります。そして、たとえ少数でも、「子どもに心を寄せる」という基本姿勢を持つ教師の存在があれば、その教師の目を通して問題は浮かび上がり、探究の場を形成する努力が生まれます。どこの学校でも、校内研究や教師のありかたはいつも動態で、完成型にとどまるはずはありません。光を当てるべきは、さまざまな葛藤や矛盾も含みながら、子どもに心を寄せる教師の共同性が追求されているということでしょう。私の地元である滋賀・湖東《ことう》地域では、「子どもに心を寄せる教師の共同性」の探究は、「安心と自由が生きる学校」づくりとして考えてきた歴史があります◆[2]。

子どもにとっても、教師にとっても、安心と自由が生きているといえる学校をどうつくるか。それを子ども理解を深めることからはじめようと提起し、目の前の気になるその子と実践を研究する場として「子ども理解のカンファレンス」を提唱し実践してきました。繰り返しになりますが、その子のその事実についての教師の語りは、「私にはこう見えた」ということであり、その語り口には事実の解釈を通して教師としての自分が表れます。それを聴き合い同僚理解も深まるのです。子どもはまず「生活主体」であり、子どもの生活をつかもうとすると、保護者の生活現実をもとらえた理解が必要になります。この地域では生活綴方《つづりかた》や同和教育の実践の蓄積も力になったと思います。そのような教育風土も理解して、「学校づくり」を考えたいのです◆[3]。

教師が現場で育つのは、実践のふり返りと学び合いを通してだということは繰り返し強調したことです。「校内研究」はそれに資するものでありたい。振り返るのには鏡があるとよいのです。同僚、過去の経験、他の学校の実践、教育雑誌の実践記録も教育学理論も含んで、それらを鏡にして自分と自分の実践をふり返ります。それは日々の努力の積み重ねですが、加えて、校内研究の質を変える努力が共同で追究されるならよりダイナミックになると思います。

　私が強い影響を受けた稲垣忠彦先生は、教育の自律性が重要であることを繰り返し説き、教師が主体的に学んで「定型を破る」ことの意味を何度も語られました。今日においてそれを追求すれば、制度・政策的な統制や同調圧力による外形的な統一・効率性優先などと対決することにならざるを得ません。

　次に具体例として、この地域の小学校で取り組まれている校内研究会での努力を紹介しましょう。小学校での教職生活六年目の中野真紀さんが、「校内研究はだれのためにあるのだろう」という文章◆4で、いくつかの学校での経験を比較しふり返っています。講師として勤務していた学校の校内研究会は「授業の粗探しをし、授業者を責めるような雰囲気の事後研究会が開かれていた。今思えば、子どもの話は全く出てこず、授業者の発言や行動だけが話題に上がっていた」というのです。ところが、転任した現在の学校で、「校内研に対してこれまでとは違う大きな期待を抱くことになった」のです。「期待を抱いた校内研」という項目を立てて、自分の予想とは全く違うやりとりが行われた様子を紹介しています。年間三回の研究授業の最初は特別支援学級の授業で、その事前研究会に参加して驚いたというのです。

私の指導案検討会のイメージといえば、みんなで座って指導案とにらめっこして、「めあてがもっと具体的な方が良い」とか、「話し合いを活発にするためにホワイトボードを使おう」とか、それぞれの先生のいろんな意見が出てきて、授業者が指導案を書き直すというもの。指導案検討会によって、授業者が当初やりたかった授業がほとんどできなくなる場合もある。本校での初めての指導案検討会の時、私の予想とは全く違うやりとりが行われた。

まず、授業者が自分の授業でやりたいことを語り、それを受けて参加者で議論したというのですが、「普段の子どもの様子、この時間に子どもに挑戦してほしいことなどを語っていった。指導案の書きぶりなどに注目するのではなく、授業者の思いがまずは大切にされる指導案検討会の雰囲気に、本校なら楽しく校内研に取り組めるかもしれないと感じた。事後研究会でも、子どもがどんな様子であったか、交流学級（ここでいう交流学級は、特別支援学級に在籍する子どもが、通常学級の一部の授業などに参加する形態です。福井注）の様子と比べて気づいたことなどの話で盛り上がっていた」というのです。そして、中野さんは第二回の研究授業を引き受けます。それは前任校でも取り組んで教材に思い入れもある四年生の国語「ごんぎつね」でした。

指導案を書く前に授業について話す機会が設けられ、教材研究を授業者だけでなくみんなでやってみようと、本文を読みながら気づいたことを話し合ったのです。そして、授業者としてどんな授業をしたいかという話を聞いてもらい、「子どもの思いを大切にしたい」と語り、授業で扱う場面の教材文をみんなで読み合い、「子どもからどんな発言が出てくるかをみんなで予想した。期待するような発言が出てきてきれいにまとまるよりも、教師が予想もしなかったような発言が子どもから飛び出すと面白いという話になり、公開授業だからちゃんとしなければ、きっちりまとめなければ、という緊張が抜け、子どもと一緒に『ごんぎつね』を楽しみながら読めばいいんだと思うことができた」といいます。中野さんにとって、授業者の思いが大切にされる授業研究会は、やらされる授業でなく、自らの主体が尊重される実感が得られたようです。そして実際の「授業では、たくさんの子どもの発言が飛び交った。……普段は手を挙げない子も発言し、子どもたちは大きな頑張りを見せてくれた」のです。その様子を引用して具体的に紹介します。

「ごんぎつね」の第五場面。「かげぼうしをふみふみ」ごんが兵十に近づいていくところで、中野さんは、「『兵十に近づきたい』『くりやまつたけを持って行っているのは自分だと気づいてほしい』と思っているというごんの気持ちが表れていると読み、指導案検討会でもこの部分に関してはだれもが同意していた。しかし、授業では教師が思いもしなかった発言が飛び出した。ほとんどの児童が『近づきたい』『じっくり話を聞きたい』と読む中で、ある児童がしきりに『見つかりたくない』と発言していた。授業中、緊張も相まって、私はこの児童が何を言っているのか分からなかった。……研究授業の事後研究会で、授業を見にきてくれていた大学教授の先生から真っ先にこの児童の話が出て、その時に初めて児童が言いたかったことを理解することができた」というのです。そして中野さんは教材への解釈とこの児童への理解を深めていきます。「ごんは物語の中で考えたことを言葉で表現しているため、ついつい擬人的に捉えてしまいがちであるが、実際は四足歩行のきつねである。児童は低い姿勢のごんが月明かりの影に入り込んでしまえば、他にごんを照らすものは何もなく、逆に見つかりにくい。ごんは見つかりたくなくてわざと影に入ったのではないか。やっぱり兵十に気づかれたくなかったのではないかと考えたのである。この児童の捉え方は、教材の世界に深く入り込み、自分自身がごんになり切って想像することで初めてできる捉え方だ」と考察するのです。「子どもの力に助けられたことが何より大きかった。しかし、参観した教師が事後研究会で発言することのどれもがとても勉強になることばかりだと感じた。それは、自分の思いが大切にされながら授業を計画し、納得の上で実施できたことが大きく関係している。自分が納得しないまま臨んだ授業に対して批評されても、『私がそうしたかったわけではない』という思いだけが残ってしまう。しかし、自分が納得した上で臨んだ授業なら、他者からの評価は財産であり、良い経験として自分の中に蓄積される。『授業者の思いが大切にされた校内研』の大切さを改めて感じることができた」と書いています。この経験全体のふり返りとして、「やはり公開授業は『負担』

であり、引き受けにくいものとなってしまう。そのような状態から脱却するためには、やはり子どもを中心に授業をとらえる視点を全員が持てるような研修を充実させていくと良いだろうか。まだまだ課題も多い」とふり返っています。

この小学校で校内研究の主任を一〇年近く担当してきた長谷川智さんが、校内研究をどのように考えてきたか、中野さんのレポートにも触れて書いているところを見ておきましょう。長谷川さんは「学力状況調査、学習のスタンダード化」などが、「子どもたちと私たちの身の回りへ浸透しつつあるように感じる瞬間が多く」なってきたという危機感を持っています。そして「今まで以上に厄介なのは、見るからに強権的な施策ではなく、あらゆる方法・機会を使い教職員の教育観や授業への意識まで変えようとしている」「その先鋒《せんぽう》を『校内研』が担っているように見えます。学校内で授業は、『めあて』『ふりかえり』『学習規律』……一つ一つは大事なことでしょう。しかし、そればかりが優先され、一色に塗りつぶされていると思える」と指摘しています。彼は「『子ども理解』を真ん中にすえた校内研究」を追求してきたといい、「どうしたら学校、教室の『主体性』を守ることができるのか。大きな波に飲み込まれそうでも、できることはたくさんあります。……それを具現化するのが『校内研究』ではないか」と考えているのです。自分が研究主任として「どんな研究テーマになっても外せないことがありました。『子ども理解』をベースにするということです。私の教職生活でずっと握って離さないことでもあり、『はじめにこどもありき』の実践が豊かであるために欠かせない」というのです。

このように考えて進めてきた校内研究について同僚たちはどう見ているか、研究会後の感想が紹介されています。「子どもの言葉から、子どもが抱えている背景を考え、それを文学の授業で勝負し、子どもを変える……そのために教材研究を重ねる……教師として原点にもどったような気持ちになりました」。「授業の内容では、多様に出てくる子どもの意見に対しての教師の切り返しや、考えを深めるための発問に工夫が必要だと感じました。そのためには教材を深く理解することはもちろん、子どもたちを理解することも大切だと思いました」。中野さんの授業研究の後の感想では「教師が教材文を深く理解し味わうことの重要さとそれを子どもの読みの押し付けにならないようにしながら、児童の自由な読みに活かしていく授業づくりについて考えることができました」。「研究会の振り返りにおいて、他学年であっても、子どもの変化（成長）を述べ合うことができることから、小規模校の強みが感じられました」。そして、長谷川さんは、中野さんのレポートを読んで、「『子ども理解』を教育実践の中心に据えるということは、教職員の『自由』『主体性』を保障することと表裏一体なのではないか」といい、「目の前の子どものことから実践を練り上げていくことで、教職員の『主体性』に繋《つな》がっていく道筋が見えたように思いました。……今回の報告で、……『教師は現場で育つ』そんな言葉も改めて感じたのです」[◆5]。

長谷川さんは生活綴方教育の実践を積み重ねてきたベテラン教師です。このようなリーダーのいる学校での校内研究の改革の努力を見ました。どの学校でもかなりのエネルギーをかけている校内研究を、意識的な子ども研究を含んだものにしていきたいものだと思うのです。

(6) 子どもと実践を自由に語り合う多様なコミュニティの役割

職員室の現状は、残念ながら子どもを語る声よりパソコンのキーボードをたたく音がよく耳に入ると言われています。「子どものことを自由に語り合いたい」と、教師は本音ではそれを求めているのに、すぐには実現できない状況があるのです。それだけに、若い先生たちの中に、もっと子どものことや自分の悩みや教育実践を自由に語り合いたいという強い思いがあります。そういう思いを持つ人たちは、学校を変える努力を続けつつ、学校の外でも集う機会をつくっています。それは全国でいろいろなかたちで広がってきています。具体例を紹介します。まず、私が滋賀の自宅で続けている小さな研究会です。通称は「カレーの会」。もとは「雑誌『教育』を読む会」としてスタートし、月に一度開催で三〇年以上継続しています。基本は金曜日退勤後。仕事を終え、疲れて空腹のまま集《つど》ってくる人たちを見かねて、私がカレーを準備したことでこのような通称ができました。集まるためのハードルを低くする効果もあったと思います。いまでは私のカレーの腕前も上がって毎回好評です。この会の経過と参加者の感想をまとめて紹介した文章があるので、執筆者の了解を得て大要を引用し紹介します。

「『カレーの会』ってこんなところです◆6」

「月に一度、金曜日の夜に、三々五々あちこちから集まります。５人くらいから多いときには20人くらいになるときもあります。参加者にとって『カレーの会』はどんな場所になっているのでしょうか。」ともかく参加者自身に語ってもらうとして、初任の時から毎月ほぼ皆出席の川口さん（仮名）に、「川口さんにとってのカレーの会ってどんなところ？」と聞き、それに対して彼女が答えた内容を紹介しています。以下はそこに書かれている川口さんの文章です。

自己開示できる場所

わたしは、周りの人との価値観のずれを感じながら生きてきました。中学生の時のあだ名は不思議ちゃん。高校生の時は、クラスのみんなが思いもしなかった方向から意見を出すので、何を言い出すか分からないとこわがられたこともあります。わたしが喋《しゃべ》るときょとんとされる。そんな経験を何度もしているうちに、ありのままの自分を出すことができなくなりました。わたしは変な子だと自分から言うことで予防線を張る。「この人はわたしのことを軽蔑する人？　しない人？」探りを入れながらちょっとずつ自己開示。それが分からない間は、どもるし、黙るし、ただのコミュニケーション下手。そんなわたしが、ストレスなく自己開示できる場所が、カレーの会なのです。

これが教師の勉強会⁉

カレーの会に行って、驚いたことがいくつもあります。教師の勉強会っていうと、どこかの会議室を借りて、すごい先生を呼んで、話を聞いて……というイメージがあります。カレーの会は、美味《おい》しいカレーを食べながら、そのとき自分が関心のあることを、とりとめもなく話していくだけ。そこに堅苦しさは全くなくて、「なんでもいいよ。あなたのことを教えて」という空気がそこにあるんです。だから、ついつい自分のことを喋ってしまう。初めて参加した時は、「あ、こんなに喋ってしまった」と初めての場所で珍しくたくさん自分の話をしてしまったことが、恥ずかしくなったくらいです。また、カレーの会には色んな人がやって来ます。同じ市内の教員だけでなく、大阪や岐阜など、色んなところからやって来ます。事務職員、養護教諭、学童保育の指導員、記者、保護者、大学生など、色んな立場の人の話を聞けることが、とても魅力に感じます。集まってくる先生も、「優れた」先生ばかりではありません。わたしのような、なりたての先生もいれば、経験を重ねても悩み続ける先生もいる。毎回参加する先生もいれば、時々顔を出して帰る先生。参加を強要する空気もない。失敗談も素直に話せる。「ちゃんとできてないわたしでも、ここにいていいんだ」って思えるようになりました。

子どもの姿がある

反対に、滋賀の先輩方が継承してきた実践や教育観の話を聞くこともできます。カレーの会に集まる先生たちの話の中心には、いつも「子どもの姿」がある。そんな先輩の話を聞くうちに、わたしの中でも、何を一番大切にしたいのかという思いが、少しずつ形になってきました。何度か通っている間に、月一回のカレーの会は、わたしにとっての「帰る場所」になりました。

川口さんにとって、自分の話が否定されず聞き取られ受けとめられると実感できるカレーの会が、安心して語り合える居場所だということがわかります。その彼女も今や一児の母となり、子連れ夫婦で参加するようになりました。「実は今日のことなんですが……」と語り出す彼女の話は、参加者から「それ面白いですね。ちょっと書いてみたらいいよ」などと言われることもあり、発言した内容を実践記録にまとめました。それらを地域の研究会や「教育のつどい」（教育研究全国集会）でレポートするようになっています。カレーの会は仕事上の愚痴や子どものことや教育実践を語り合う場ですが、それは、小さなため息でも聞き取れる柔らかな雰囲気を大事にしてきたことから生み出されたと思います。

このような子ども研究と実践研究のコミュニティはさまざまな形で各地に広がっています。滋賀では、「（仮）センセの放課後◆[7]」、教職員組合中心の「青年教研◆[8]」。他にも学校体育研究同志会の研究サークルから始まった「息吹の会」は県下四カ所に広がっています。

私はカレーの会のほか、札幌在勤中には「よいところゼミ」という気楽な語り場を始めました。勤務していた教職大学院の修了生たちが教師になり、現場での悩みや愚痴を聞きながら交流し、ひとしきり話すとビールで乾杯してしゃべり続けるのです。定例会場が居酒屋の小上がり個室だったのです。そのうち、実践をレポートしてくれるようになり、雑誌に実践記録を書き、学会で発表する人もいました。札幌では、長い歴史を持つ「『教育』を読む会」がありますし、「学びをつくる会」も活動しています。こうした取り組みに触れて感じるのは、「子どものことを語りたい」「教師として学び成長したい」という先生たちのニーズは間違いなくどこにでもあるということです。こうしたニーズに応えて、可能なやり方で多様な教育研究をすすめる場が広がることを願っています。

4 子どもの育ちを支える現場の教育研究
――「子ども理解のカンファレンス」

(1) 「子ども理解のカンファレンス」とは何か

「子ども理解のカンファレンス」とは、「子どもの示す具体的な事実から出発し、その言動の背景と込められたメッセージを、その子の生活世界に分け入って共同で読み解き、課題を把握し、指導の方向とさしあたりの手だてを考えあう試み」です[◆9]。いま改めて考えてみると、それは、子どもを「いまを生きる主体」としてつかむことであり、その子の示す事実をその発達上に意味づけることで、生活主体、発達主体として子どもを理解しようとすることです。それはまた、その子の言動を「表現」として考え、子ども自身がその「表現」を対象化して自分の生活を見つめ、生活を高め自分を変えることに挑むような指導を考えることです。子どもを操作の対象に貶《おとし》めるのでなく、生活主体として理解するということは、子どもの生活背景を知ることで完結しません。自分を取り巻く環境条件に、その子はどのように応答しているのか、その子にとっての「自己一身上の問題」として主体的なかかわり方をみるということです。このことについて戸坂潤は次のように言っています。「一身上の問題は却《かえ》って正に社会関係の個人への集堆《しゅうたい》の強調であり拡大であった」（「道徳の観念」）。つまり一身上の問題を考えるときに社会の問題と切り離さず、むしろ、社会関係の集約された表れと見るのです。このような観点は私の住む滋賀・湖東《ことう》地域では、初期の同和教育を媒介しながら生活綴方教育の影響を強く受けた実践の蓄積とつながっていると思います。

(2)　カンファレンスは自己省察の共同体験

「子ども理解のカンファレンス」が有効に成立するためには、提示された事例に対して、率直で自由な意見交換が必要です。子どもの示す具体的な事実の何を問題と見るか。そして、そのときの教師の認識と判断の実状が、直観・とっさの反応に出るわけです。つまり、独立した人格であるその子と応答する力量が瞬間の判断に出るのであり、そこに教師の教育認識や教育的価値のありようが表れるのです。子どもを語ることは教師としての自分を語ることだというのは、子どもの事実を語りながら教師としての判断や見解を交流することです。それは同時に自己省察を深めることになります。そのようにして、実践とそれへの批評の交流が進んでいきます。事実に即して参加者が納得することが必要であり、そこに一般論は通用しません。私はその場の座長を務めることが多く、問題を柔らかく受けとめ、緩やかに問い深めていくような運営を大事なこととして意識しました。そのころに同僚の理解を得たいと試行錯誤した内容を、これまでの模索のなかに拾えば以下のような言葉が浮かびます。「子どものいま生きる姿を受けとめる／子どもの生活世界に分け入る／その子の内面のドラマへの想像力／生活主体としての子どもをみる／生活感情の社会基底／生活変革の思想と力量の形成／生活と科学をその子において統一する」など。

何でも言える同僚関係づくりのベースには、じつは全教員が毎学期実践レポートを書き、年に三冊の『教育実践報告八幡《はちまん》中学校の教育』が纏《まと》められてきたことも大きかったと思います。教育実践を自ら記録することは、必ずふり返り省察することになるのです。

（3）支配的な教職観の克服

このような共同の努力は今日一層必要とされているように思います。それは、教職員のなかに多忙とともに共同を阻害する要因が増大し、分断と孤立が進んでいるからです。

油布佐和子らの研究では、近年の教職観の特徴ある変化が示されています。[10]「二〇〇九年型教職観」と呼ばれるこの教職観の特徴は「（a）仕事と私生活を切り離して割り切り、（b）教師としての自分の仕事の範囲を限定し、（c）管理職の指導の下で、（d）学力向上という学校の組織目標の実現に向け励む（教職の矮小化《わいしょうか》）」などであると整理されています。[11]これは教師としての本来の生きがいの選択肢がみえない苦難のなかで、はからずも選択した一つの生存戦略だとみることもできるのではないかと私は思います。しかしそれは、「教師が丸ごと子どもとかかわることで、子どもを、人間として、生活者として、社会人として育てることを放棄し、子どもの『学力』という人間の能力のごく一部分にかかわることをよしとし、そのことで教師としてのやり甲斐《がい》を感じ」てしまう、つまり「やり甲斐」も矮小化されるという厳しい指摘があります。[12]「制度としての教師」の行き着く先の一つの姿のようにも見えるのです。子どもを取り巻く社会状況を批判的に吟味できない時、子どもの「問題行動」に直面すれば、「揺れつ戻りつの自己形成」より「望ましい姿」へのスムーズな行動変容を追求してしまう恐れがあります。そして、既存の支配的価値・秩序の体現者として子どもの前に押し出された教師は、子どもの抵抗や攻撃の対象にされることになります。許容できない言動の意味を問い、そのなかにも「その子の願い」を発見しようとする教師の子ども観は、このようにして時に深刻な葛藤を抱え込むことになります。

「子どもと同時代を生きる魂を共有しようとする教師は、現代社会の問題と、そこにおける子どもの発達の問題と、そして教師自身が現代を生きることの問題を重ねて考えなければならない」のです◆[13]。

（4）現場の事実と教育実践の複雑な総合性をそのままみる教育研究

「いま・ここ」という特定の社会状況のなかで生活し成長しつつある子どもに向きあい、その子と打ち解け、ともに悩む教師でいたいと思います。その子の生活上の苦闘を自らのものと受けとめ考え、悩みを共有し、生きるための葛藤を見まもり伴走したいと思います。それは、よりよく生きたいという根源的な願いを信じての伴走です。人間的な感情を交流しつつ、その子の内面に人間信頼への希望を紡ぐような伴走なのです。そこでは問題の複雑性を総合的にとらえながら、その瞬間にどう対応するかという判断・方法・技術が連続的に問いつづけられます。それだけに、「子ども研究」は「個別性」ではなお足りず、「その子」という「特定性」を考えることになります。そういう日常のなかでは、「優れた実践の一般化」という教育学の古典的なテーゼの困難さを考えることが多かったのです。一般化そのものを否定するのではないのですが、簡単には一般化できない問題を複雑なままとらえ、総合性を失わない。臨床教育学をそういうものとして探究していきたいと考えました。「子ども理解のカンファレンス」は、現場におけるそのささやかな試みであると言えます。そして、教育実践と教育学研究の関係を意識して語るなら、「子ども理解のカンファレンス」は育ちを支える現場での臨床教育学探究の試みだと言いたいのです。そしてそれは戦後教育学の今日的展開の一つの姿だと思うのです。

注

◆1　福井雅英『子ども理解のカンファレンス――育ちを支える現場の臨床教育学』（かもがわ出版、二〇〇九年）。

◆2　滋賀県教育科学研究会編『安心と自由が生きる学校』（かもがわ出版、一九九九年）。

◆3　二〇一五年の地域民主教育全国交流研究会の中間研究集会（五月ヴォーリズ学園）での報告。福井雅英「滋賀の教師と教育実践の特質について」『安心と自由の生きる学校・地域を子どもたちに――地域民主教育交流研究会二〇一五年近江八幡集会　報告集』（同集編集委員会編、二〇一五年）。

◆4　中野真紀「校内研究はだれのためにあるのだろう」『いまを生きる』（地域民主教育全国交流会滋賀の会機関誌第三号、二〇二一年五月）、二一～六頁。

◆5　長谷川智「中野さんの報告から考えたこと――『子ども理解』と教職員の『主体性』」『いまを生きる』（地域民主教育全国交流会滋賀の会機関誌第三号、二〇二一年五月）、七～一〇頁。

◆6　福井将道「『カレーの会』ってこんなところです」滋賀民主教育研究所機関誌『手をつなぐ』二〇一九年一一月号。

◆7　石垣雅也「『放課後』づくりから『職場』づくりへ――私たちの小さな足場『（仮）センセの放課後』の取り組み」『クレスコ』二〇〇八年一一月号、一六～一七頁。

◆8　福井将道「私たちの『青年教研』」『クレスコ』二〇一一年七月号、二九～三〇頁。

◆9　前掲◆1、二〇五頁。

◆10　「教職の変容――『第三の教育改革』を経て」『日本教育社会学会　第61回大会発表要旨集録』二〇〇九年九月一二日、一九九頁。

◆11　門脇厚司「教育社会学研究と教師教育の課題――教育専門職者の公務員化を促す要因についての綜合的研究」岩田康之・三石初雄編『現代の教育改革と教師――これからの教師教育研究のために』（東京学芸大学出版会、二〇一一年）、一四四～一四五頁。

◆12　同書、一四五頁。

◆13　福井雅英「子どもの『いま生きる姿』を受けとめる教師の自己形成」前掲◆2、一五〇頁。

第4章　「質の高い教師」を考える視点

――子どものニーズから教師の専門性を問い直す

1　教師の専門性をどのような視点で考えるか

(1)「質の高い教師」と言われて思い浮かぶ教師像

先日滋賀県内のある高校三年生と話す機会があり、「質の高い教師といわれて思い浮かぶのはどんな先生ですか」と真正面から聞いてみました。「校種で違いがあるかもしれない」と言いながら話してくれたのは、「高校ではやはり授業内容」だといいます。そして数学の二人の教師の対比と英語教師の例が面白かったのです。「いかにもデキる数学の先生は、どんな問題もすぐスラスラ解く。もうひとりの先生は、生徒が質問すると、ウーンと考えながらあれこれ説明する。二人のうちどちらに質問に行きたいかというと、考えながら応える先生の方」だといいます。それは、「聞きに行きやすいから」だというのですが、「生徒が聞きに行く気になるのはなぜか」と考えると、そこに大事な問題があるのだと思います。

教師の質を論じるとき、「授業の質」の中にも、教科内容研究の力量、具体的な授業方法や展開、生徒理解と生徒との関係形成などが含まれていることを忘れてはなりません。その高校生の話の中に、「生徒のことを分かろうとしているのが伝わってくるかどうかは大きいと思う」というのがありました。生徒への共感や敬意というようなものが感じられるなかで、生徒の思考を促すような授業がいいということでしょう。英語教師にまつわる話もこれに通じる内容でした。その教師は留学経験もあり、英語が得意という自負もあるようですが、「生徒の様子より英語優先になってる感じ」だというのです。そうだとしたら、生徒の状況を置き去りにした「高度な」教科内容の展開を「質の高い授業」とは言えないでしょう。ここでは普通科の進学校のまじめな生徒の発言でしたが、校種の違いや点数で輪切りにされた高校間格差などをこえて基本に据えられるべきことは、子どもの発達課題・教育課題を把握しそのニーズに応答するということです。それは教科指導でも教科外の指導でも貫かれるべきです。そして、教師は子どもとの応答を通して、子ども自身の中に新たな問いや向上への意欲を喚起しようと努めます。「質の高い教師」像を論じるときにはそのような基本を踏まえたいと思うのです。そしてまた、不登校も増加する中、教室に座っている子だけでなく「学校にいることがつらい」と感じている子どもたちの声を深く聴きとるような教師の姿は、「質の高い教師」を説く視野に入っているのかと問いたいのです。

（2）子どもの姿から学校像を描く

教師は子どもの成長・発達のニーズに応答することが基本だと述べましたが、では、そもそも学校はどうでしょうか。「○○スタンダード」など、学校や授業の「秩序」維持の方策として規範性を強める動きが広がっています。規範優先ではなく、子どもの現実の姿から学校像を描くことが必要だと考えます。二つの実践事例を紹介して考えてみます。

保健室で出会う子どもの姿と学校

北海道の高校養護教諭である本間康子は、「学校は『幸せに生きる』を学び合う場所」だと述べ、以下のように論じています。「保健室はしばしば『幸せではないカラダ』が流れてくる場所ですが、どの子もちゃんと幸せの種をカラダの奥にダイジにしまっているので、ゆっくり時間をかけて一緒に種を探します。なかなか見つからなくて、じりじりと苦しい時間だけが過ぎていくように感じることもありますが、種を探しながらともに過ごした時間の積み重ねが、私たちを『幸せに生きる』を学び合う仲間へと育ててくれます◆[1]」。

「幸せではないカラダ」に傷ついた心を秘めて保健室に流れてくる子どもは、多くの場合、ケアに欠ける子ども期を過ごしてきています。保健室で「今日の続きの明日なんか要らない」

などという子どものつぶやきを聴きながら、その子の深いところに隠れている生きる希望を紡ぎ出す努力を重ねるのが本間の実践の真骨頂です。「じりじりと苦しい時間だけが過ぎていく」という思いを感じながらも、その時間の積み重ねが子どもの心を開き、子どもと「『幸せに生きる』を学び合う仲間」になれるというのです。捨て鉢のようなセリフの奥にある子どもの本当の願いを、子どもとともに掘り当てていく実践です。しかし、本間が保健室で出会う生徒が「流れ出てくる」のは教室からです。その子どもたちにとって、教室・学校が、そして、家庭も居づらいところになっている場合が多いのです。子どもの姿が、学校は「『幸せに生きる』を学び合う場所」にはなり得ていないという困難な状況を示しています。しかし、この現実に向き合い、子どもの困難をその生活から理解し、その子の模索や葛藤にも伴走しながら、保健室から希望を創ろうとする実践も生まれています[◆2]。

いまや、多くの子どもが「自分の本当の思いは簡単には出せない」という思いを持っています。そのような子どもの閉じられた扉が開かれるのはその内側からであり、子ども自身の意思と力によるものです。それを育むのは、本間が言うように、「種を探しながらともに過ごした時間の積み重ね」とその積み重ねによって形成された関係性の質です。それには教師の側に、「どの子もタネを持つ存在だ」という根源的な子どもへの信頼がなければなりません。言い換えると、このような子ども観が教師の「質の高さ」を規定するのです。

三五万人。増え続ける小中学生の不登校が社会的な問題になっています。増加の数字が問題になりますが、学校に居場所がないと感じる一人一人の子どもの苦しみの姿を見ようとすることが大事だと思います。つまり不登校の子どもの現実は、その子の物語を読み解くことができるような質を教師に求めているのです。

次に、「学校が子どもの居場所になる」といえるような学校づくりを全教職員で追求している学校の実践を紹介します。

通信制高校の子どもの姿と教職員

大阪府の秋桜《しゅうおう》高校は二〇〇二年に開校した通信制・普通科の高校です。学校案内には以下のように書かれています。「毎日通わなくてもいいので、遅刻や欠席を気にすることなく、自分の生活スタイルに合わせて通学することができます。仕事やアルバイト、趣味の時間も大切にすることができます。私たちは『自分もまわりの人も大切にできて、みんなで気持ちよく楽しくすごせる』ということ、『その人らしく、うれしい気持ちですごせるように』ということを願っています。『勉強がきらい』『学校生活がなんとなく苦手』『人づきあいに自信がない』などと思っている人も、誰もが安心して学校生活が楽しめるようにと私たちは思っています[◆3]」。

このように謳《うた》う学校の教育実践の内容はどのようなものか、その実際の姿をみてみましょう。

私はこの学校の授業を参観して教師たちの具体的な実践の様子も見ました。また、何人もの教師がその実践の内容をさまざまな研究会で報告するのを聞きました。教育科学研究会や地域民主教育全国交流研究会、学校体育研究同志会など民間教育研究団体の大会に行けば、毎年どこかでそのレポートを聞くことができます。ここでは、二〇二四年度の学校体育研究同志会全国研究大会での報告を元に紹介します。◆[4]

以下は、「喜びを分かち合い、人間らしく」と題した二人の先生（蔦緑《つたみどり》、壽山《ひさやま》雅美《まさみ》）共同のレポートです。

〈大切にしてきたこと〉

……様々な背景を持った子どもたち一人ひとりを、本当に大切にしたいと思ってやってきました。……子どもたちが生きていていいんだ、明日も生きていきたいと思えるようだったらいいな、と願うようになってきました。長い時間を経て、どの先生もがそのことを願うようになったときに、担任している子どものことだけを気にかけるのではなく、全員の先生が全員の子どもたちの担任をしていると言えるぐらい、みんなのことを知っていて、名前を呼んだりおしゃべりすることはこの学校の当たり前としてすっかり浸透していると今は感じます。ここにたどり着くまでには、子どもの様子を語り合ったり、子どもが書いた作文をみんなで読み合ったり、どんな時間があれば子どもたちが嬉《うれ》しくすごせるのかを、子どもの姿から学ぼうとすることを重ね続けてきた時間がありました。（一頁）

〈自由〉

多くの子どもたちが言う「自由」は、服装や髪型などの目に見える自由だけではなく、どんなことも安心して言ってよいということや、どんな自分であっても認められるといった自由も含まれるようになってきているように感じます。授業の中の子どもの発言の仕方ひとつとっても、以前は声に出して言ってくれる言葉は拾えるけれども、それ以外の子どもたちの声は「言わない」自由を尊重していました（と言えば聞こえはいいですが、こちらが逃げ腰だったところもありました）。いつの頃からか、教室にいるどの子の声も聞けたらとの思いから「昨日何時に寝た？（英語）」「昨日食べた美味《おい》しかったもの（国語）」「ザ日本の食べ物と言えば何（家庭科）」といった、答えが決まっていなくて知識のあるなしが関係しない質問を全員に聞くという時間を意識して持つ授業が増えてくるようになりました。それでも言いたくない子に無理に言ってもらうことはしていませんでした。しかし今は声を出して応える子もいれば、自分では言わないけれどプリントに書いた言葉を先生に読み上げてもらう形で応える子、プリントに書いているけれど読み上げないでと意思表示する子など様々な形での表現があることが分かってきて、一人ひとりの違った表現をできるだけ受けとめられるように、言葉かけやジェスチャーで確認するようになってきています。（二一頁）

このような報告からは、育ちと生活の中で、生きていることそのものを脅かされていると感じてきたような子どもに向き合う教師の実践の模索が読み取れます。教師の深い思いは「子どもたちが生きていていいんだ、明日も生きていきたいと思えるようだったらいいな」という願いだというように、発達援助のベースに「生存支援」とでもいうべき取り組みがあります。

「言わない自由」の中にある微妙で多様な表現を受けとめ理解しようとする教師の姿は、「子どもの様子を語り合ったり、子どもが書いた作文をみんなで読み合ったり、どんな時間があれば子どもたちが嬉しくすごせるのかを、子どもの姿から学ぼうとすることを重ね続けてきた時間」の賜《たまもの》です。「その子研究」を集団で深め、声にならない表現も受け止められる教師の感性を培ってきたということなのです。

「プリントに書いているけれど読み上げないでと意思表示する子など様々な形での表現があることが分かってきて、一人ひとりの違った表現をできるだけ受けとめられるように、言葉かけやジェスチャーで確認する」ようになってきたというのは、子どもが安心して表現できるまでの道のりは、それぞれ一人ひとり異なる曲折があり、それを理解するきめ細かな受けとめがあることを示しています。その子の中に「思い」は必ずあり、それが言葉や声にならなくても聞き取りたい。教師がそういう思いでいることが子どもに伝わることが大事なことです。それが子どもの表現を引き出す出発点になるだろうと思います。子どもが表現してもいいのだと思うことは、その子の主体回復の動き出しです。私も中学教師時代に「子どもの沈黙を聴こう」などと言ってきましたが、それは「沈黙」という事実の奥に、語れない、語りたくないその子の真実が潜んでいることに目を向けようという提起でした。

現場におけるこのような実践努力の実際を、「質の高い教師」論者はどのようにリアルに把握しているのでしょうか。「質の高い教師」を説く視野に、子どもたちの声を深く聴きとるこのような教師の姿は入っているのかと問いたいのです。この学校の教職員集団が、「子どもの姿から学ぼうとすることを重ね続けてきた」という努力は子ども理解の核心です。このような子ども研究を軸にした自主的な研修努力に学ぶべきだと考えます。しかし、残念ながら公立学校教師に向けた政策動向はそのようになっていません。中央教育審議会や文部科学省の示している方向を検討することにします。

2　子どもの現実に照らして求められる教師の専門的力量とは何か

コロナパンデミックの渦中に、中央教育審議会「令和の日本型学校教育」を担う教師の在り方特別部会の「審議まとめ」(二〇二一年)を読みました。大変な学校状況の中だっただけに、その現場の実態と対比して考えることが多かったのです。

現場教師の怨嗟《えんさ》の的であり、歴史的な愚策だった教員免許更新制が破綻し、二〇二二年七月一日をもって廃止されることになりました。その後に新しい仕組み「研修履歴管理システム」というのが考えられ、法制化に際しては「研修履歴記録」となりました。それを提唱したのが中央教育審議会「令和の日本型学校教育」を担う教師の在り方特別部会の「審議まとめ」『令和の日本型学校教育』を担う新たな教師の学びの姿の実現に向けて」（令和三年一一月一五日）（以下、「審議まとめ」）でした。

本稿では「審議まとめ」がいう研修履歴管理システムと、そこで提唱される「新たな教師の学びの姿」を批判的に検討し、いま求められる教師の専門的力量とは何か、それはどのように形成されるかについて述べます。まず、見るべきは子どもと学校や教職員の現実です。コロナ禍の中、直面する困難・課題に向き合った教師の姿を取り上げます。これを見れば、子どもと学校・教師の現実についての分析がない「審議まとめ」の描く姿が、現場の願いとは乖離《かいり》したものだという問題も浮かびます。いじめ、不登校などいくつもの困難な課題を背負った学校にコロナ禍が重なったのです。その加重された困難を超えて子どもも教師も楽しいといえる学校をつくることが社会的な課題になっています。教師の専門性やその力量を考える時には、そうした社会的な課題に応える立場からの考察が大事だと思うのです。

(1) コロナ感染の広がりのなかで見えた「生活の場としての学校」

学校の現実と教師のしごと

オミクロン株〈新型コロナウイルス〈SARS-CoV-2〉の変異株の一つ〉の広がりで、学校でも感染者と濃厚接触者が増大していました。子どもの集団生活の場である学校で、学級・学年閉鎖や休校に追い込まれる事態でした。検査や感染者保護など、感染症対策の基本がないがしろにされ、保健所も削減されて対応が追いつかず、学校が濃厚接触者の把握などデータ収集とそれへの対応を迫られる状況も生まれていました。

「学校は何をするところか」と問えば、これまでなら「勉強するところだ」という答えが即座に返ってきたと思います。しかし、コロナ禍が広がり、「勉強する」にも、まず感染を防ぎ子どもの安全・安心を確保しなければならないのだという、「子どもの生活の場としての学校」が強く意識されるようになりました。そもそも「学校は子どもの安全と安心の居場所であり、専門職としての教師が集団生活の場を管理します。また、給食を提供し、保健室から校医につながる健康管理の体制も整備されています。それぞれの条件整備は十全とはいえなくても、学校が果たしている福祉的機能がとらえなおされた」といえます。[5] 教師のしごとやその専門性を考える上でいま重要なことは、学校の福祉的機能の教育的意味を考えることです。

はじめに、私が聞き取ったコロナ禍のなかの学校生活の一端を紹介します。

小学校では、子ども同士の濃厚接触を避けるために、休み時間も一〇分以内にし、誰と遊んでいたか、マスクはきちんと鼻も覆っていたかなどを、担任が毎時間一人一人確認することになっていたといいます。兄弟の状況や家族の勤務先などもつかみ、陽性者や濃厚接触者が出た場合の早期対応に備えていました。保護者の生活も大変になっていて、焦りやいらだちが学校教師に向けられることもありました。

都市部のある中学校の様子を聞きました。疫学調査も行い、生徒からの聞き取り、発症日二日前までの学校の動き、保健所とのやりとり、などをまとめて教育委員会に報告していました。担当する教頭からは「凄《すさ》まじい業務量だ」と悲鳴が上がっていました。

たとえば、陽性連絡が入ると、まず、保護者に対して、病院受診日や検査結果の出た日の確認、発熱・鼻水・咳《せき》等症状の出た発症日確認等の聞き取りを行い教育委員会へ報告し、そして、疫学調査のための資料の作成を行いました。発症日を〇日として二日前までの三日間の授業の様子について聞き取り表に記入作成する。その聞き取り表を基に陽性者からの聞き取りを行う。このデータを保健センターに送信し、保健センターからは疫学検査結果の電話連絡を受ける。結果を基に濃厚接触者への電話連絡を行う。実はこれが大きな負担だということでした。濃厚接触者と認定されれば、ＰＣＲ検査で陰性とならない限り兄弟の登校はできません。検査で陽性となった場合は家族全員が濃厚接触者となるという事情を背負っているからです。このような対応をしながら、クラス内の陽性者のウイルスが家族間感染か学校内感染かを判断するのに、座席関係、仲がいい友人関係かどうか、同一部活動かなどを把握します。また、音楽と体育の授業方法・形態、給食の黙食、一五分以内かなどが調査のポイントになりました。

授業担当教師はオンライン授業の準備に四苦八苦しました。パソコンやタブレットは導入されましたが、家庭にWi-Fi環境がない生徒には教育委員会からポケットWi-Fiの貸し出しを行いました。ある学校では、全生徒の七％～八％の貸出率であるが、市内も地域によって一五％位になる学校もあるということでした。ネットがつながらない、Teamsに入れない、パソコンの不具合など、学校は朝から頻繁にかかってくる電話への対応に追われました。現にある生活格差と向き合いながら、家庭と学校での子どもの状況を把握して、子どもの生活と学びの場を維持しようとする現場での努力が続いていたのです。

しかし、休校や学級閉鎖が重なってくると、学習時間の確保が課題として意識されるようになりました。「休校になっても学びを止めない」などという標語がつくられ、オンラインでの学習や課題プリントのほか、タブレットを使用すべしという圧力も感じたといいます。一方で、教職員の現実は、タブレットに関する知識や経験の格差が大きく、さまざまな戸惑いや混乱もありました。「学びを止めない」などという標語は、それによって教師の素直な善意が動員されることにもなりかねません。立ち止まってその「学び」の質を問わないと、ドリルやワークシートで子どもを追い込み学力テスト体制の維持補強に巻き込まれる危険が大きいのです。

コロナ禍の中でも子どもの生活状況をよくつかみ、その子の悩みや課題に寄り添った対応を考え、そのようにして理解した子どもの現実にかみ合う学習課題と教育方法を創り出す力量が求められたのです。

子どもの生活の現実から教育をとらえなおす

「学びの場としての学校」は「子どもを深く観察し、教師が子どもと共に生きる中で、子どもの発達課題をとらえ、それに応える専門的力量を向上させ、そのためにまた教職員が共同していく協同的な教育的真理の発見とその達成のシステム」として考えられます。[6]「子どもの発達課題」を考えるとき、ベースに据えるべきは子どもが発達主体であり生活主体であるという認識です。そうして子どもへの理解を深めます。このことを岐阜県恵那《えな》の小学校教師で、生活綴方《つづりかた》の実践・研究・運動の著名なリーダーだった石田和男は「子どもをつかむ」という表現で以下のように論じました。「子どもをつかむことは、子どもの人間としての総体を、現実の生活の総体との関係において考察し、発達の矛盾の実態を探りだすことに中心がおかれなければならない」。[7]

子どもの「生活の総体」のなかに学校での生活を位置づけることが必要です。学校での生活は家庭での生活と連続しているのであり、考察の対象を登校している間だけに限定することなどできません。コロナ禍はこの当たり前のことを改めて生々しく突きつけたのです。

学校の在り方や教師の専門力量などを考えるときに、子どもの生活をまるごとつかむこの観点を欠落させてはなりません。子どもの生活はそのまま子どもの学びのベースであり、学ぶ内容やその質も規定します。子どもの生活に根ざした問題意識と切り離された勉強を、学びとは言えないでしょう。給食がなくなり栄養補給が心配される子どもの問題、濃厚接触者になっても検査もされず、「自宅療養」では同居家族と距離も取れない住宅事情、さらにタブレットでオンライン学習になるとその学習条件が整わない子どもの状況もあることは先にみたとおりです。ところが、問題になった「審議まとめ」では、さまざまな困難を抱えた子どもの現実が視野に入っていません。それゆえ、子どもの生活状況などを理解することにかかわる教師の専門性や力量は問題に上がってこないのです。

いま学校で求められているのは、コロナ禍で浮かび上がったさまざまな生活と社会の問題を大人も子どもも共有する課題として深めていくこと、その課題をどのように考えていけばよいのか、学び合い深める方法を探究することが必要です。そのためには、子どもの生活現実の把握とその理解を教師が学校で共有することが重要になります。

(2)「審議まとめ」の描く教師像と教師の専門性

管理主義でなく自律性の保障こそ

「審議まとめ」の標題は、「『令和の日本型学校教育』を担う新たな教師の学びの姿の実現に向けて」というものです。「新たな教師の学びの姿」と掲げていますが、中心は「教員免許更新制」を廃止し、「発展的解消」として「研修履歴の管理システム」を打ち出したことです。「審議まとめ」は「高度な専門職にふさわしい水準」を、「探究心を持ちつつ自律的に学ぶ」「教師の主体的な姿勢」（一二頁）だといいます。そして、免許更新制において免許状の効力と関連させるという「制約の下での学びは、形式的なものとなり学習効果を低下させてしまいかねない」（三二頁）と問題点を指摘しています。そうであれば、研修履歴管理に基づき「管理職等の期待する水準の研修」を受けていると認められないときは「職務命令に基づき研修を受講させる」といい、従わなければ懲戒処分の要件に該当するというのも、「審議まとめ」自身が否定した「制約下での学び」そのものです。「審議まとめ」でも再録していますが、もともと免許更新制度導入に関しては「いわゆる不適格教員の排除を直接の目的とするものとして位置づけられているものではない」（三頁）とわざわざ断ることが必要なように、この制度の議論の出発が「不適格教員の排除」であったことはかくれもない事実であり、その管理主義的精神は新たな制度においても引き継がれているとみなければなりません。そして、このような管理主義の底には自主的な教育研究活動を進めてきた教職員組合運動への敵視や現場教師への不信が今なお流れているのではないかと思います。「改革」を貫くこのような管理主義に対しては、稲垣忠彦《いながきただひこ》の言葉を思い起こしました。稲垣は以下のように述べていました。

教師や学校が、多くの規制のもとで、専門家としての責任にもとづく実践を閉ざされ、閉ざされた結果としての実践の形式化や停滞に対してきびしい批判が加えられている。そしてそのような批判によって、改革自体が、教師への規制をさらにつよめ、主体的な活動を閉ざす方向に向かっていることを危惧するのである。[8]

そして、このような教育改革にあたっては、「プロフェッションとしての教師とその実践を、どのように支え、援助していくかが、あらためて改革の中心におかれる必要があるだろう」[9]という稲垣の指摘を対置し、加えて、改革の対象に貶《おとし》められている教師が教育実践の主体であると共に教育改革の主体として登場すべきである、と強く主張したいと思います。

「最新の知識技能の修得」が問題なのか

研修においても、教師と実践を支え援助する立場に立って考えると、「制約下での学び」として懲戒に紐《ひも》付けられていることだけが問題なのではありません。研修内容についても検討されるべきです。「審議まとめ」は「社会が日進月歩で変化することに伴い、修得した知識技能も急速に陳腐化」する（七頁）という一方で、「新たな知識技能の修得に取り組み続ける必要」を説きます。内容に触れるところでは「最新の知識技能」という言葉が繰り返し出てくることからも、研修の中心内容は「最新の知識技能の修得」が想定されていると思われます。現在の学校教師に「最新の知識技能」が身についていないことが問題なのでしょうか。教師を「高度な専門職」だといいながら、プロフェッションである現場実践者への敬意が感じられないのです。

そもそも、言うところの「高度な専門職」の内実はいかなるものか。中教審は二〇一五年一二月「これからの学校教育を担う教員の資質能力の向上について」という答申を出しました。この答申は「教員政策の重要性」を謳《うた》い、「教員の資質能力向上は我が国の最重要課題」と強調しています。そして、教員には「その職は高度に専門的なものであり、国家社会の活力を作り出す重要な職であるとの誇りを持ちつつ、高い志で自ら研鑽《けんさん》すること」を求めました。ここでいう「高度に専門的な……重要な職」という教職の位置づけは、「国の繁栄」「国家社会の活力を作り出す」という目標に照らした「人材育成」を目的としているのです。教育基本法第一条（教育の目的）に掲げる「人格の完成」とも隔絶しています。つまるところ、新自由主義教育（第五章参照）に適合的な教師像の枠内で、「最新の知識技能」を身に付けることを求めているのです。私は知識技能一般を否定するのではありません。その「知識技能」の内容や質を吟味し、いまの自分に必要かどうかを考える主体的な判断が尊重されるべきなのです。そうではなくて、「陳列棚に多彩な『学習コンテンツ』を並べたから、その中から選んで必ず購入せよ」と言わんばかりの研修管理であり、ここでも管理主義が貫かれているといわねばなりません。

「探究心を持ちつつ自律的に学ぶ」「教師の主体的な姿勢」を尊重すること

「審議まとめ」は「探究心を持ちつつ自律的に学ぶ」「教師の主体的な姿勢」が大事だと説きます。そうであるなら、そのような教師の意欲や姿勢を内発的に生み出すものはなにかをまず分析・考察すべきです。それは何よりも子どもへの責任と倫理であり、目の前のその子の人間的な発達と学習への責任であると私は考えます。それは教師が子どもと「魂あいふれて」◆10育むものであって、教師としての生きがいとも重なるのです。

しかし、いま、「魂あいふれて」子どもたちと交流し、子どもと教材の結合を考えるような実践を創造するのは容易ではありません。そもそも、子どもと教師の人格的な応答こそ教育の本質をなすものであるのに、それが難しくなれば教育は窒息してしまいます。

文部科学省の調査によれば、二〇二三年度公立学校教職員の精神疾患による病気休職者は七一一九人。前年度（二〇二二年）から五八〇人増加し、過去最多になっています。また、後に見るように、二〇二一年度の始業日時点で、二五五八人の「教員不足」が発生していたことも問題になっていました。このような状況下で、子どもへの責任と倫理を持ち、教師として元気に働き続けること自体が難しいのです。

そして、この状況は第3章で述べたように、「二〇〇九年型教職観」と呼ばれるような教師の教職意識をも生み出しています。「『二〇〇九年型教職観』の特徴とは、（a）仕事と私生活を切り離して割り切り、（b）教師としての自分の仕事の範囲を限定し、（c）管理職の指導の下で、（d）学力向上という学校の組織目標の実現に向け励む（教職の矮小化《わいしょうか》）などである」とされます[11]。

ここで指摘されるような特徴づけが該当する実態があるにしても、それは私の目には、きびしい状況下で教師として生き延びる消極的な生存戦略のように見えるのです。しかし、その生存戦略は子どもへの責任と倫理に裏打ちされた教師の生きがいや喜びからは切り離されているという点で、幸せな教職生涯とはとうてい言えないと思います。

「審議まとめ」は「主体的な姿勢」を言いながら、自主的な研修や創造的な実践の自由を保障するという方向性がありませんでした。「決められた研修を進んで受けるよう求める」というのが真意のようですが、それに「主体的」という言葉を用いるのは明らかに誤用です。そもそも主体的とは「他に強制されたり、盲従したり、また、衝動的に行ったりしないで、自分の意志、判断に基づいて行動するさま」（国語大辞典・新装版・小学館）をいう言葉です。過労や休職の危機から教師を救うために、まず文字通り教師の主体性を回復し、人間的な時間を保障しなければなりません。そして、ゆとりを持って子どもと「魂あいふれて」いくのが教師の元気回復の妙薬でもあることは私も身をもって体験してきたことです。それもないまま、このような「研修履歴管理システム」を導入することは、教師の成長にとって新たな制度的閉塞を引き起こすことになるでしょう。

（3）「教師は現場で育つ」の復権――「審議まとめ」の言葉をも手掛かりに

子ども研究をみんなですすめることから

この状況をどう打開するか。「最新の知識技能」や「学びのコンテンツを選択」して履修するような、受動的な研修ではなく、直面した子どもの事実や実践のふり返りから立ち上がってくる研究意欲を職場で共有しながら学ぶことを考えたいと思います。それは私が新採教師のころ先輩たちから繰り返し言われた「教師は現場で育つ」をバージョンアップすることだと思います。その際、「審議まとめ」のなかに鏤《ちりば》められた、手掛かりになり得る言葉もみておきたいのです。「自らの日々の経験や他者から学ぶといった『現場の経験』を重視」や「協働的な教師の学び」、あるいは「校内研修や授業研究といった日々の営みを磨き上げていくこと」など、表現上はそれとして当然のものです。今できることとして、その意味内容と質を現場のリアリティに立ってとらえ返して活用することも考えたいと思うのです。

私が一九七〇年代末からの中学校教師時代、きびしい「荒れ」に直面して同僚とともに模索しながら取り組んだのが「子ども理解のカンファレンス」◆12でした。

校内暴力や器物破壊の現場に立って、衆目注視のなかで教師としてどうするか、一挙手一投足が問われ試されている感じがしました。考えてみれば、教師のしごとの多くの部分は事象対応型で、子どもの学校生活の場面場面でとっさに対応を迫られ、ほとんど直感で応答することになります。その直感の質を高め、とっさの対応の的確性を向上させるにはどうすればよいのか。「とっさに直感で対応した」ように見えても、その言動は何らかの判断によって選び取られたものです。生徒指導でも授業においても、その時点での「子ども理解」に基づいた即座の判断の結果なのです。その判断の的確性を高める努力が同僚との事例研究でした。「真実は細部に宿る」などと言いながら子どもとの応答をふり返り、子どもの問題と指導の内実を細部にわたって具体的な事例をもとに検討し合うことを重ねました。「審議まとめ」が「現場の経験」から「協働的な教師の学び」を共有するというのは、このような何でも率直に語り合えるなかでの事例研究においてこそよく実現できるでしょう。そのような事例研究では、教師の日常的な対応や工夫のなかに含み込まれた判断の根拠を言語化してみんなで共有するのです。それが自己のふり返りを深めることになります。「子ども理解のカンファレンス」をそのようなものとして実践してきました。それは「授業のカンファレンス研究」（稲垣忠彦・佐藤学）に学んだものでした。複雑な内面世界を含むその子への理解を深め、その子の発達的・教育的ニーズをつかみ、それにかみ合う指導を創り出す。授業においても「子どもと教材の結合」を考える教師の専門性の核心がここにあると思うのです。しかし、そのような事例研究の機会は多忙と管理に対抗して生み出すという課題があります。

子どもと実践を省察し実践知を磨く

「審議まとめ」には、「子供一人一人の学びを最大限に引き出す教師としての役割」、「子供の主体的な学びを支援する伴走者」という言葉もあります。子どもの「学びを最大限に引き出す」、「主体的な学びを支援する」教師は、その子の発達の状況や内面の思いを理解しなければなりません。子ども研究が必要なのです。そしてそれは、子ども一般を論じるのではありません。実践者としての教師の子ども研究の焦点は、「目の前のその子」という特定性が問題になります。その特定性は当然自分という教師の特定性との応答でもあります。それは人格的応答ということなのです。

この発問、この働きかけで、その子の内面に何が起きているか。子どもの内面のドラマへの想像力が実践の構想力や具体的な方法の創造に結びつかなければなりません。そのように考えると、子どもに応答する瞬間、その子にかける教師の言葉、声の調子、表情などは教育や子どもの発達にかかわる実践者に身体化された専門性、子どもの未来を見通した判断の表れなのです。このような教師のしごとをどのように考えるか。子どもの生活のなかで生まれるその子の内面の真実と響き合う教師の働きかけは、子どもの生活と学習を創造的に結合する教師の専門性として考えたいのです。それは独立した人格である子どもと人格的に自立した教師の応答です。これを考える際に教職をめぐる議論も思い起こしておきたいと思います。

教職の性格をめぐるこれまでの議論では、聖職者か労働者かを対立軸として論じられてきたことがありました。しかし、一九七四年に日本共産党が提唱した「民主的教師論」では、「労働者であることと、教育の専門家であることの、両者の統一的追求の重視[13]」が主張され、今日では立場を越えて当然の認識になっていると言えるでしょう。この主張の根底には「教師の人格的自由の擁護」の探究という立場が貫かれているように思います。

そして、この立場ともつないで、私は教職の特質をとらえ直すものとして「反省的実践家としての教師」という教師像を取り上げたいのです[14]。

教育学者の佐藤学は、「反省的実践家としての教師」という教師像を提唱し、授業研究における「パラダイム転換」について次のように述べました。

「伝達と習得という閉じたシステムにおいて構成されてきた授業と学びを、対象（教育内容）の意味を構成し人と人との関わりを構成する多元的で重層的で力動的な実践として再構成する転換として見ることができるだろう[15]」。この転換は授業研究に留《とど》まるものでないことは言うまでもありません。それは佐藤が紹介するドナルド・ショーンの以下の提起を読めば一層明らかです。

> 現代の専門家は「活動過程における省察」を原理とする「反省的実践」において専門性を発揮している（中略）科学的技術の合理的適用を原理としてきた専門家の「技術的実

践」が、どんな状況にも有効な科学的な技術と原理を基礎とするのに対して、「反省的実践」は、経験によって培った暗黙知を駆使して問題を省察し、状況と対話しつつ反省的思考（デューイ）を展開して複雑な状況に生起する複合的な問題の解決にクライエント（顧客）と連帯して取り組む◆16。

「教育実践の歴史を振り返るとき、……子どもの学習を中心に、それをはげまし豊かにする実践、時代に即した質の高い教材をもとめての実践、子どもの生活とのつながりをもとめての実践が教師によってつくりだされてきた。それは今世紀はじめからの国際的な教育運動として展開し、今日におよんでいる」。それは改革の閉塞を開くオルタナティブと考えられます。このようにして歴史的に蓄積されてきた「教育実践記録を書く」ということは、今日を生きる教師と学校現場に続いている確かな命脈です。しかし、そのような実践が、「国の教育への規制と、入試の圧力によって閉ざされ、プロフェッションの閉塞をもたらしてきた」ことも事実です◆17。

この閉塞を開くには子どもの側から教育改革を問いなおすことが必要です。それも子ども一般ではなく、目の前の特定のその子の問題を深くつかんでそこにある普遍的な課題を明らかにすることです。求められているのは子どもや実践についての臨床的な研究であると私は考えてきました。それゆえ、日本臨床教育学会の創立にも参加したのです。学会設立の中心を担った田中孝彦《たなかたかひこ》は、学問・文化を教え伝えることを教育の本質的な重要なことと指摘しながら、「人々の生活史・生育史・実践史をリアルに追体験し、そこから子どもへの援助や教育のあり方を構想し直していく、『子ども理解』とでも名づけるべき学問とその教育が、教師教育のもう一つの大きな軸となる必要がある」[18]と述べています。教師教育の一つの柱に「子ども理解」を据えようというこの提起は、日本の教育の現実の困難を打開するための教師の専門力量のありようを問い直すものでもあります。このような提起も受けて、発達援助の総合専門職としての教師という教師像を学校現場で探究していきたいと考えました。そして、それは子ども理解と教育実践についての真摯なふり返りを基本に、教師が自主的主体的に力量形成をすすめるのを援助することだといえるでしょう。

「教育実践は、教師が子どもに働きかけ、子どもとの応答のなかで創造的に展開するもの」です。「子どもの成長・発達を援助するという基本的な観点に立って、『何のために、何を、どう教えるか』を考え、子どもと直に接する場面でもその対応を発展させるところに教師の専門性の特質が示され」ます。「制度化された計画研修をすべて否定するわけではないが、教師の力量形成にとってより重要と思われるのは、子どもへの慈愛を核として、その成長・発達を支えるための力量形成を追求する内発的な意欲の喚起」です。「それは教師の専門性が教師としての自律性と結びつくものだから」です[19]。

（4）小さな研究会を続けてきて見えたもの——育ちゆく教師のリアル

自由な子ども論議と子ども研究

私は先に触れたように三〇年以上にわたり自宅で月例の小さな研究会を続けてきました。そこに集まる先生たちの話を聞くなかで、今日の職場状況の問題は「悩みや疑問を語り合う場所がない」ということだと感じてきました。月に一度金曜日の研究会には勤務終了後に、現場の教師や教職志望学生が、時には学童保育の指導員も、三々五々集まってきます。多忙で過重な勤務状況のなか、疲れた身体で参加するのは、「何でも率直に言える場所」を求めてのことだと思います。生々しい子どもの問題、実践上の悩みや迷い、同僚関係のもつれ、教材の解釈、管理職への不満、保護者との対応関係などが葛藤や悩みも含めて吐露されます。自由な議論を交わしていると、実践記録を持ち寄っての検討になることもあります。「こうした場が学校にもあればいいのに」という参加者の声を何度も聞いてきました。「学びあいのコミュニティ」が求められているのですが、教職員の協働の学びが成立するには、不十分さが責められるのでなく補い合い支え合うという信頼できる関係性がなければなりません。「支え合い学び合える関係性」への信頼があってこそ、お互いの教育実践についての批判的検討を含む研究の深まりが保障できるのです。

「職員室で子どもの話題や実践上の問題が自由に話し合えない」と嘆くほど、その自由も時間も雰囲気もない職場状況になっています。多忙と管理的雰囲気が強まっているのです。このような現実なのに、「研修履歴管理システム」では、「任命権者や服務監督権者・学校管理職等と教師の積極的な『対話』」を求め、それを人事管理とつなぐなど管理強化が一層進む懸念があります。

子ども理解の深まりと教師の成長

ある年の五月の例会に、四月に採用されたという新任の谷口さんという教師が参加しました。谷口さんは自己紹介のあと、「いま一番の悩みは子どもを叱れないことです。私に力がなくて」と発言しました。「最初が肝心。なめられたらダメ」という言葉が飛び交い、そうできない自分には力がないと落ち込んでいるといいます。しかし、これを聞いた先輩教師たちからは、「叱れないというセンスがすてき」などと肯定的な発言が返されました。その後、彼女は一学期の後半の例会では、「今日は子どもを叱ってしまいました。やっぱり力がないのを実感しました」と発言しました。私は「力がないから叱れない」から「力がないから叱ってしまった」への劇的な転換が強く印象に残りましたが、それを生み出したものは、彼女の子ども理解の深まりとして納得できました。その後も彼女は例会に参加を続け、「実は今日のことなんですけど……」などと気になる子どものことを語り続けました。その報告に対して、「いまの話は面白いね。もう少し詳しく聴きたい。書いてみてほしい」という要望も出ました。谷口さんはそれに応えてレポートするようになり、それにつれて教育雑誌の実践記録などを読むようになりました。その後彼女は授業も含む実践記録を持参してみんなで読んで意見交換もしました。そして「教育のつどい」や民間の研究集会でも実践報告を行いました。その彼女が発表した実践記録「ごんぎつねと校内研と子どもとわたし」◆[20]に拠《よ》りながら、教師の成長の一つの姿を見ておきたいと思います。この実践記録には、校内研究会で研究授業を担当した国語の「ごんぎつね」の授業内容と、その準備過程も含めて彼女の内部で起きた葛藤や模索が描かれています。

　校内の研究推進委員会で授業の「めあて」が、「話し合おう」と決められ、授業の進め方も授業時間の半分はグループでの話し合いをさせるなど、授業者である自分の意に沿わない方向になったが従わざるを得なかったといいます。谷口さんは「納得できなかった。『ごんぎつね』は、『話す・聞く』の単元ではない。話し合うことで読みが深まることはあるが、その場合の話し合いは手段であり、ゴールではない。自分のなかの違和感を訴えたが、結局『話し合おう』をめあてにすることになった」。そして授業後の研究会は「話し合いのさせ方」が議論の中心になって終了しました。空虚感に苛《さいな》まれていた彼女に、一人の同僚から授業についてのコメントが届きました。「あの授業には個々の子どもたちの挑戦とか期待に応えたいっていう願いがあふれていたように思う」という、生活綴方に取り組む先輩教師からのものでした。それを受けて谷口さんは授業のなかの子どもの姿を振り返るのです。若い教師が子どもの様子をとらえ直しながら自分の授業観を形成し深めていく様子が率直に書かれています。少し長いですが紹介します。

いつもノートを書かない子が、朝から一生懸命ノートをまとめていた。発表に苦手意識のある子が、前の担任の先生に発表している姿を見てもらいたいと、何日も前から意気込んでいた。「そんなんどうでもいいし」とふてくされていた子が、グループ活動を引っ張っている姿もあった。わたしのなかで、なんでもないことのように通り過ぎようとしていた子どもたちの姿が、突然、とても大切なこととして浮かび上がってきた。それと同時に、わたしは自分の授業への「まわりからの評価」しかみえていなかったんだと気がついた。それよりも大切なのは、子どもたちだ。子どもたち一人ひとりのがんばりに気づけたことが、なによりもとてもうれしかった。みんなが「話し合い」だといっているなかで、授業をそんなふうにみるのかと、驚いた。子どもの姿で授業を語るとは、こういうことかと驚いた。空虚感は一気に満足感へと変わった。まわりからの評価に押しつぶされそうになっていたけれど、自分が本当に大切にしたいものがみえたとき、とても心が楽になった。話し合いやめあてでも大切だが、教材の持つ特性や子どもの姿を、わたしはいちばん大切にしたい。どんな授業でも、子どものいきいきとした姿が必ずそこにある。それを見逃さずとらえ、考えていける教師になりたい。

教師の「主体的な学びの姿」とはこういうことをいうのだと思うのです。「話し合い」をめあてにするなどの研究推進委員会の決定の背後には、おそらく「アクティブラーニング」などという風圧があったに違いありません。谷口さんはそうした風を受けながらも子どもを軸に実践を振り返っています。

教育実践記録を書く教師

教師の省察には、カンファレンスのように複数の教師が協働で学び深める研究の機会が大きな意味を持つことはまちがいありません。それをそれぞれの職場で取り組めることが望ましいのです。しかし、これまで見てきたように容易に実現できない状況もあります。そうした時に学校を越えて教師が実践と研究の交流ができれば大きな力になります。そのような学び合う文化は歴史的に形成されてきたものです。例えば、私は戦前の生活綴方の実践家で、北海道の奥《おく》尻島《しりとう》で文集『生活・島の子』などを出していた阿部《あべ》秀一《しゅういち》の事績を調査したとき、あの時代の北海道の離島で、北海道内だけでなく、東北の綴方教師とも交流があり、その作品文集を子どもと一緒に読んでいた事実に驚いたことがありました。当時の教え子の話では、国分一太郎《こくぶんいちたろう》の「もんぺの弟」（秋田・長瀞《ながとろ》校）も読んだということでした。これは一九三六年のことです。今日では、民間教育研究団体などの機関誌上での実践記録の発表や各種研究会での交流なども熱心に行われています。これは誇るべき日本の教師文化の蓄積だと思います。このような事実も踏まえ、私は教師の自己形成の努力として「実践記録を書く」ということが大きな意義を持っていることを強調したいのです。

実践記録を書こうとすると、まず、それは子どもの事実と実践を振り返ることによる意味探究になります。学校で間断のない子どもとの応答を続けていると、一日を振り返ったとき記憶に残ったことや気になったことがあります。それがなぜ気になるのかがその時よく分からなくても、気になる事実には何らかの問題や意味が必ず含まれています。気になる事実をメモするということは、その意味を考えるスタート地点に立ったということです。その日書いたメモを読み直し場面を思い出す、子どもの様子を思い浮かべる。そして、なぜそれが気になったかを考えるのです。この努力を繰り返していけば、見えるものや見え方が変わってくるでしょう。それは問題発見の力がついていくということであり、とりもなおさず認識が深まるということです。はじめは断片のようなメモ群でも、読み返して関連するものをつなぎ、文脈化することで、子どもの事実と実践の意味を発見していきます。記録をもとに、子どもとの応答を軸に意味づける努力は実践を再構成することになるのです。

このように、メモし記録を取ることは、独りでもできる努力であり、教師としての自己形成の確かな保障になるでしょう。現場にいて実践創造の主体になる教師は、現場研究者です。そのような教師にとって、実践記録を書くことは、自分を振り返って考えを深める重要な研究過程です。そして、その実践記録は同僚との学び合いのオリジナルテキストになります。若い教師たちに、日本の教育遺産であるすぐれた実践記録を読むことをすすめてきたのは、そのことを追体験してほしいと思うからです。[21] 独りでもできる努力だと述べましたが、今日それを阻むものは制度的な閉塞だけではありません。

(5) 教師の育つ条件整備の問題

「次は誰が倒れる　教員疲弊」。これは、「公立校2558人教員不足」と報じた二〇二二年二月一日付毎日新聞の見出しです。二〇二一年度の始業日にこれだけの欠員が生じたと報じました。背景には過労死ラインを超える長時間労働が日常化し離職や休職や、二〇〇〇年度以降に進んだ教員の非正規化など積年の教員政策の問題があります。

宇沢弘文《うざわひろふみ》は、学校教育は社会的共通資本であるとし、「教育とは、一人一人の子どもがもっている多様な先天的、後天的資質をできるだけ生かし、その能力をできるだけ伸ばし、発展させ、実り多い、幸福な人生をおくることができる一人の人間として成長することをたすけるものである」と論じました。[22] このような、全ての子どもが人間として成長していくプロセスを支えるという真の公共性を貫く学校にしなければなりません。

「審議まとめ」は、「学校管理職等が、教師に学びの資源（時間・意欲等）の確保を促進すること、学びを深めることができる環境づくりを図ることが不可欠である」（一一頁）といいます。もちろん管理職の努力も必要ですが、管理職が現状の枠内で努力する範囲を越えている実態があるのに、教育行政が本来果たさなければならない条件整備の責任への言及がないというのが問題です。条件整備は進めずに教師を管理の対象としてみているということです。「高度な専門職」としての処遇とはほど遠い実態を改善・充実する条件整備をまず求めたいのです。

そして、研修にあたっても、研究と修養の主体としての教師をはげまし支える施策こそが求められます。思いつくままに列挙すれば、まず長時間で過密な労働状況の改善、そのために必要な正規教員の増員、学級定員の少人数化、授業の持ち時数の削減。さらに、日常業務の中での子どもと関わる時間の保障、教育公務員特例法二二条にもあるような自由な研修機会の保障、加えて希望する大学院での研修の保障、研究費や研修休暇の創設などがすぐに浮かんできます。総じて教育行政に求めたいのは、研修を受けることを迫られる客体として教師をみるような教師観から、自ら研究と修養を図る主体としての教師観への転換です。これは教師の専門的力量について論じるときも、その前提となる問題だと考えるからです。

3　文部科学省「新たな教師の学びの姿」から考える

「新任教諭　増える退職　目立つ精神疾患　09年度以降で最多」。これは二〇二三年六月二一日付朝日新聞一面トップの見出しです。「先生が全然足りない教育現場、なぜ公教育はこんな惨状になってしまったのか?」。こちらは同年七月六日ネット配信の「JBpress」の記事の見出しです。いずれも学校現場の教師の厳しい状況をリアルに示すものです。子どもはどうか。小・中学校の不登校は三四万六四八二人（令和五年調査結果、前年度二九万九〇四八人から四万七四三四人増加）で過去最多になっています。「教師の学び」を考えるとき、まず念頭に置くべきはこのような学校の現実だと思います。文科省の認識はどうでしょうか。

（1）「新たな教師の学び」支援は予算でどのように具体化されるか

二〇二二年一二月一九日の中央教育審議会答申[◆23]を見ると、二〇二〇年代を通じて実現を目指す「令和の日本型学校教育」の姿を、「全ての子供たちの可能性を引き出す、個別最適な学びと、協働的な学び」と定義し、「それを担う教師及び教職員集団のあるべき姿」を示しています。そこには次のような記述があります。

「教職生涯を通じて探究心を持ちつつ自律的かつ継続的に新しい知識・技能を学び続け、子供一人一人の学びを最大限に引き出す教師としての役割を果たしている。その際、子供の主体的な学びを支援する伴走者としての能力も備えている」。「学校における働き方改革の実現や教職の魅力発信、新時代の学びを支える環境整備により、教師が創造的で魅力ある仕事であることが再認識され、教師を目指そうとする者が増加し、教師自身も志気を高め、誇りを持って働くことができている」。（傍点、福井）

「あるべき姿」の記述が少しでも魅力的に見えるとしたら、それは傍点部のような言辞のゆえだと思います。これを生かす工夫努力が必要です。しかし、それは厳しい対抗にもなります。

二〇二三年度の「教員研修関係予算」（文科省ホームページ）を見ると「『新たな教師の学び』を支える研修体制の構築」として、まず上げられているのが「教員研修の高度化支援」としての「研修受講履歴記録システムおよび研修プラットフォームの構築」です（「履歴記録」とありますが、当初は「履歴管理」でした）。そして、「研修受講履歴記録システムの構築」では、「教師の研修受講履歴を記録する新たなシステムを国が主導して開発し、効率的な記録作成、管理、閲覧を可能にする」として九三〇〇万円が予算化されています。次の項目は「教員研修プラットフォームの構築」で、ここには一億八四〇〇万円が充てられ、「教職員支援機構、教育委員会、大学、民間等が提供する研修コンテンツを一元的に収集・整理・提供するプラットフォームを構築し、いつでも、どこからでも必要な研修を受講できる環境を整備する」としています。「研修プラットフォーム」として図示されているのは、「研修コンテンツ開発」→「掲載→受講→修得確認→記録」というものです。予算は正直です。そこにあるのは、雁字搦《がんじがら》めに教師を縛る「研修管理」を強化する方向です。「学び」が生きて力になる条件は、「学ぶ主体の自律性」のはずです。魅力的な言葉をちりばめながら、「主体的な学びを支援する伴走者としての能力」が著しく欠如しているのは文科省自身だと言わねばなりません。教師の自主的・主体的な研究を励ますのか、それとも管理と統制を強めるのかという対決点が浮かび上がります。

(2)「新たな教師の学びの姿」における「子ども不在」という問題

教育の仕事の核心は教師と子どもの人格的なふれあいを通して行われるものです。だからこそ実践の自主性や創造性が大事であり、教師の専門性が問われる根拠もそこにあるはずです。それは教師の生きがいや働きがいとも重なります。ところが今日の教育をめぐる病理は、多忙と管理で教師の人格的自律性を奪いつつ、教師を「伝達の専門家」に貶《おとし》め、子どもと「魂あいふれて」すすめる人間的な教育実践を阻害するものになっています。中教審・文科省は「教職は高度な専門職」だとしてきましたが、それは「国家の繁栄」「社会の活力」[◆24]を支えるためのものということでした。子どもの人間的成長・発達に関わる専門職という位置づけが見えません。

教師をどのような専門性においてとらえるのか。「教師の学び」を考えるとき、「教師は何のために学ぶのか」と改めて問わなければなりません。私はこの問いに発達援助専門職としての教師像から答えたいと思います。「テストに強い学力」をめざして、子どもの知識量を増やすことに注力し、「どう教えるか」という方法の追求にはまり込むのでなく、生活主体・学習主体としての子どもを深くとらえ、子どもの成長・発達の課題、学習上の課題をどのようなものと考えるか、が重要です。心ある教師の探究心を刺激し続けるのもこれです。ところが、中教審や文科省の文書で繰り返し出てくる文言は「最新の知識技能」や「多様な研修コンテンツ」であって、子ども理解にかかわる教師の専門性や力量は問題にされていません。これはおかしなことです。あらゆる教育活動の出発点に置かれるべきは、目の前の「その子」と子ども集団をその置かれた生活状況からつかむ「子ども理解」です。その際、「子どもの貧困」「過度に競争的な環境」など、子どもの生きる社会を見る教師の社会認識の質が重要です。このように考えると、教師の学びを語るのに子ども論議が不在だという文科省の状況は強く批判されなければなりません。

（3）　教師が研修主体になる子ども研究

先の中教審答申[25]の中には、「教師自らが問いを立て実践を積み重ね、ふり返り、次につなげていく探究的な学びを、研修実施者及び教師自らがデザインしていくことが必要」だという記述もあります。また、「理論と実践を往還させた省察力による学びを実現する必要」との文言もあります。これらを活《い》かすなら、「教師の学びの姿」を支えるには、自らの教育実践をも対象化し「現場研究者として成長する教師」を励ます施策が要ります。しかし、今次中教審答申に太く流れているのは「研修の高度化」と管理であり、関係予算をみれば、「教員研修の成果確認」「教師と管理職等の『対話と奨励』プロセスの最適化」などを「調査研究のテーマ例」として「一〇億三一〇〇万円（令和四年度第二次補正予算）」が計上されています。教師を「受講する客体」とし、「成果確認」で管理を強化する方向になっているのです。

　では現場でこの流れにどのように対抗するか。それは教師が自ら研究・修養の主体になることの追求なのですが、学びたいという意欲の喚起と研修の課題把握を、自由な子ども論議から始めるのがいいと思います。子どもが示す具体的な事実をどう読み解いていくか、その子の成長・発達についての固有の文脈、その子の物語を立体化し共有する努力が必要です。私はこれまでも教師の研究会などに参加して、「子どものことを語り合って教師は元気になる」という姿を見てきました。もちろんそれは、安心して自由に語り合える実践コミュニティの形成・職場づくりの努力と一体です。過密で過重な労働環境に加えてさまざまな管理が強まると、同僚関係も歪《ゆが》みを生む危険が生まれます。余裕のなさは同僚の不十分さを指摘する方向に傾斜することもあるからです。子どものことを聞き合い語り合う関係をつくる子ども論議のリアリティ、それを研修意欲の基礎に据えて、十分でない実践を批判し合うのでなく、補い合い支えあう職場づくりへと前進したいものです。

(4)　子どもに向きあう教師の臨床知に光を当てる

自主的な研修という場合、職場における研修ニーズを同僚間で掘り起こし交流する努力が大切です。切実に湧き上がる研修ニーズは、たいていは具体的な子どもの課題の読み解きに根ざしています。子どものことを語り合い、子ども理解を深めながらさしあたりの課題を明らかにして実践の構想をたてます。そこでは、創造的な実践の自由が重要なのです。実践内容までもが管理され点検される方向が強いのですが、それに対抗する創造的な実践の自由は、その子の人権の実現に適っているかという吟味と一体で考えなければなりません。それはいわば実践の自由に伴う内在的な制約ですが、それが教師の実践の倫理的基礎になるのだと思います。そのようにして、自らの教育実践を同僚と交流し、保護者との共同を考えていくと、それは実践者の独りよがりを脱する保障にもなるでしょう。

そうしたことを具体的に追究したいと、私は「子ども理解のカンファレンス」[26]を提唱し実践してきました。それは、子どもを語ることを通して「自己の実践の振り返りと同僚との学び合いこそが、教師が現場で育つ力量形成のポイントであることは間違いなく、その交流の場にあったのは、現場研究を刺激し合いたいという願いに立つ模索でした。こうして『子ども理解のカンファレンス』は自己省察の共同体験にもなったと思います」[27]。

このようにみてくると、教師の専門性は子どもと関わる場面でこそ問われるのだと言えるでしょう。だからそれは、臨床的な実践力量の内実が問題なのだと思います。教師の「質の高さ」は、知識量や、最新技術があるかないかで示されるようなものでなく、その教師に身体化された臨床知のこととして論じたいと思います。

注
◆1　本間康子「しあわせの種を探し合うために」『クレスコ』二〇二三年四月号、一八頁。
◆2　福井雅英・山形志保『保健室から創る希望』（新日本出版社、二〇二三年）。
◆3　大阪秋桜高校。https://www.shuoh.ed.jp/
◆4　蔦緑・壽山雅美「喜びを分かち合い、人間らしく」（第一六八回学校体育研究同志会全国研究大会、第一一分科会健康教育二〇二四レポート）。
◆5　福井雅英「新自由主義教育を超克する教師たち」、船寄俊雄・近現代日本教員史研究会

編著『近現代日本教員史研究』（風間書房、二〇二一年）、五五七頁。

◆6　佐貫浩・世取山洋介編『新自由主義教育改革——その理論・実態と対抗軸』（大月書店、二〇〇八年）、三一七頁。

◆7　石田和男「子どもをつかむことについての補足的問題　戦後の教育をふりかえり民主教育の原点をさぐる」石田和男教育著作集編集委員会編『石田和男教育著作集３　子どもをつかむ実践と思想』（花伝社、二〇一七年）、二〇二頁。

◆8　稲垣忠彦「教えること・学ぶことの制度化」『増補版　明治教授理論史研究』（一九九五年、評論社）、五一三頁。

◆9　同書、五二三〜五二四頁。原著は『岩波講座　教育の方法　第一巻』（岩波書店、一九八七年）所収。

◆10　「魂あいふれて」は、戦後教育が旺盛に展開された一九五一年に出版された書名に因る。後藤彦十郎編『魂あいふれて　二十四人の教師の記録』（百合出版、一九五一年）。この言葉には、本当の教育は子どもと教師が魂ふれあってこそなしうるのだという思いと主張が込められている。二十四人には無着成恭、綿引まさ、師井恒男、国分一太郎、今井誉次郎などが含まれ、当時の著名な実践家の実践記録が掲載されている。

◆11　門脇厚司「教育社会学研究と教師教育の課題——教育専門職者の公務員化を促す要因についての綜合的研究」岩田康之・三石初雄編『現代の教育改革と教師——これからの教師教育研究のために』（東京学芸大学出版会、二〇一一年）、一四四〜一四五頁。

◆12　詳細は拙著『子ども理解のカンファレンス――育ちを支える現場の臨床教育学』（かもがわ出版、二〇〇九年）。
◆13　藤森毅「民主的教師論の今日的意義」『教育の新しい探究――今こそ「まともなルールを」』（新日本出版社、二〇〇九年）、一五九頁。
◆14　教師像の規範型とその文化を、〈官僚化―民主化〉〈脱専門職化―専門職化〉の二つの軸によって位置づけつつ「公僕としての教師」「労働者としての教師」「技術的熟達者としての教師」「反省的実践家としての教師」の四つのタイプを抽出して研究したものとして、稲垣忠彦・久冨善之編『日本の教師文化』（東京大学出版会、一九九四年）がある。
◆15　稲垣忠彦・佐藤学『子どもと教育　授業研究入門』（岩波書店、一九九六年）、八五頁。
◆16　同書、八六頁。
◆17　前掲◆8、五二三頁。
◆18　田中孝彦『子ども理解――臨床教育学の試み』（岩波書店、二〇〇九年）、四六頁。
◆19　福井雅英「教師の専門性と子ども理解のカンファレンス」『臨床教育学研究』第〇巻、二〇一一年、三二～三三頁。
◆20　谷口睦月「ごんぎつねと校内研と子どもとわたし」『教育』二〇一九年九月号。
◆21　福井雅英「実践を記録することの意味」佐藤隆、山﨑隆夫他編『教師のしごと　泣いて、笑って、ちょっぴり元気』（旬報社、二〇一二年）で論じたことがある。
◆22　宇沢弘文『社会的共通資本』（岩波書店、二〇〇〇年）、一二五頁。

◆23　「令和の日本型学校教育」を担う教師の養成・採用・研修等の在り方について～「新たな教師の学びの姿」の実現と、多様な専門性を有する質の高い教職員集団の形成～（答申）令和四年一二月一九日、中央教育審議会。

◆24　二〇一五年一二月中央教育審議会答申「これからの学校教育を担う教員の資質能力の向上について」。

◆25　前掲◆23に同じ。

◆26　前掲◆12に同じ。

◆27　前掲◆2、二二二頁。

第5章　新自由主義教育を超克する教師たち

——「二〇〇九年型教職観」を乗りこえて

1　新自由主義が求める教師像と教育現場

（1）新自由主義教育がもたらした苦難の様相

教育学者の佐藤学は次のように言います。「今日ほど、教師のあり方と生き方が問われ、教師の資質と見識が問われ、教師の役割と責任が問われ、教師として生きることが困難な時代はないだろう。……教職の使命も教師としての証も見失わないためには、どのような教職生活をおくればいいのだろうか。社会や文化や政治への関心を喪失し、教師としての仕事を暮らしの糧と私的な楽しみに貶《おとし》めないためには、どのような教職生活を築けばいいのだろうか[1]」。

この問いは、真摯に教職に生きようとする現代の教師の内面に重い響きをもって迫るものです。教育現場でこの問いに希望をもって答えることがどれほど困難かは、精神疾患による病気休職者が二〇〇七（平成一九）年度以降五〇〇〇人前後で推移し、二〇二四年には七〇〇〇人を超えたという事実が示しています[2]。

また、三章でも触れたように早稲田大学教授の油布佐和子らの研究では、近年の教職観の特徴ある変化が示されました。[3]「二〇〇九年型教職観」と呼ばれるこの教職観の特徴は「(ａ)仕事と私生活を切り離して割り切り、(ｂ)教師としての自分の仕事の範囲を限定し、(ｃ)管理職の指導の下で、(ｄ)学力向上という学校の組織目標の実現に向け励む(教職の矮小化《わいしょうか》)」などであると整理されています。[4]これは教師としての本来の生きがいの選択肢がみえない苦難のなかで、はからずも選択した一つの生存戦略だとみることもできるのではないかと思います。しかしそれは、「教師が丸ごと子どもとかかわることで、子どもを、人間として、生活者として、社会人として育てることを放棄し、子どもの『学力』という人間の能力のごく一部分にかかわることをよしとし、そのことで教師としてのやり甲斐《がい》を感じ」てしまう、いわば「やり甲斐」の矮小化になるという厳しい指摘があります。[5]

この苦難の時代、教師として生きる希望をどこに求めるのでしょうか。本章では、社会の急激な変化のなかで「子どもから」「地域から」の視点をもって直面する困難に立ち向かい、子どもと教育をとらえなおし新しい地平を拓《ひら》くことに挑んできた教師を取りあげます。教師のしごとを狭い「学力向上」に閉じ込めるのでなく、子どもの人間的成長をはかる発達援助の専門職として、地域に根ざし、保護者・住民とつながって教育実践を展開する教師たちの姿を描きます。そのことをとおして、新自由主義教育を超克する希望を紡ぎだしている教師の教職観を検討します。二〇二〇(令和二)年三月、ＷＨＯ(世界保健機関)がパンデミックと認定した新型コロナウイルスの感染拡大は、今日の新自由主義的な社会の問題状況を切り裂いてみせました。学校と教育をめぐる苦難の様相もそのなかで劇的に浮かびあがりました。まずはその状況を概観します。

(2) 二〇二〇年の教育現場の現実と教師たち

新型コロナウイルスによる「一斉休校要請」の根拠と背景

新型コロナ感染症の拡大で、現場の困難に輪をかけたのが学校の一斉休校措置でした。二〇二〇(令和二)年二月二七日、当時の首相・安倍晋三《あべしんぞう》は新型コロナウイルスの感染拡大防止を理由として、全国の学校に対して一斉休校するよう「要請」を行いました。それを受けて、翌週月曜日にあたる三月二日から春休みまでの間を休校とする動きが広がりました。学校で対応できるのは二月二八日(金曜日)一日だけでした。この突然の「休校要請」は、卒業式準備などに取りかかっていた学校現場で衝撃をもって受け止められました。各地の教育委員会の対応も混乱しました。本来、感染症予防のための学校の臨時休業は、「学校保健安全法」第二〇条により学校の設置者の権限と定められています。通常、実務は同法第三一条により、校長に委任されています。上記の「学校の設置者」とは公立校の場合には地方公共団体をさし、教育委員会が学校の管理運営について最終的な責任を負っています。つまり、感染症予防のための臨時休業決定は、けっして首相や文部科学省の権限ではなく、判断主体である教育委員会の権限です。首相からの「要請」の影響力はとても大きいです。しかし、そこに法的根拠はありません。[6] また一斉休校要請は、「新型コロナ対応・民間臨時調査会」の「調査・検証報告書」によれば、「主管省庁である文科省に対してすら、発表当日の午前中に伝達し、同省からの申し入れ事項に対する対応策を明示することもなく、官邸主導で施策決定がなされたものであった。さらには、萩生田《はぎうだ》光一《こういち》文部科学大臣（当時）が一斉休校の正確な意味を理解していないなど、一斉休校の意味が政府内でも十分に整理されることなく行われたものであった」[7] のです。

上記のような政治的判断による休校要請で学校現場は混乱しました。長崎の中学校教師は次のように述べています。

> 二月二七日、三年生の担任をしており、生徒が作った卒業のカウントダウンカレンダーが残り一三日になったところだった。放課後、部活動指導を終え、職員室に戻ったところで休校要請の報道を知った。長崎県は感染者がまだ出ておらず、全国一斉の休校要請は信じがたく、まさに寝耳に水、大混乱であった。休校の準備期間として三日間が設定され課題の配布や在校生による入試応援・お別れ会などが開かれ嵐のように過ぎた。「学校が休校になるなんて」「中学校生活の最後がこんな形では嫌だ」と涙する生徒もいた。[8]

二月二五日、北海道では知事が全国に先駆けて道内全小中学校に休校要請を行いました。休校期間の決定はたびたび変更され学校現場は混乱を極めました。その現場状況について、小学校教師の村越含博《むらこしふくひろ》（現北海道文教大学准教授）は、「二転三転する学校の休校と再延長に、現場では何とも言えない気持ちを持つ人がほとんどだった。……かろうじて卒業式の前日に在校生の分散登校を行うことができた」と述べています。村越が休校にあたって心を砕いたことの一つは「家庭学習の課題づくり」だったといいます。「ノートの使い方や、学習の進め方が子どもだけでも取り組めるようなガイドを作成するとともに、学校として、オンライン授業の比較的容易な前倒しとしてYouTubeを使った三～五分程度の家庭学習動画を教科ごとに作成した。……分散登校で課題の確認をするも、当然ながら子どもたちの取り組み状況には大きな差が出ていた。……この休校中、子どもは小学校3年生の視点で、大人と同じように新型コロナウイルスに、生活主体の一人として不安を抱え、疑問を持ち、知りたいと思ったに違いない」といい、「新型コロナウイルスを通した感染症と人間の生活の問題は、新たな学習課題として示されたのではないか」と受けとめています。◆9

一方、保護者からは、低学年の子どもを置いて働きに行けないなど、不安と困惑の声が溢《あふ》れました。子どもが在宅しているのに食事が準備できなかったり、検温などの健康管理もできない家庭もあります。このような状況に直面して、「学習の場としての学校」の基層に「子どもたちの生活の場としての学校」があるということが意識化されることになりました。学校は子どもの安全と安心の居場所であり、専門職としての教師が集団生活の場を管理します。また、給食を提供し、保健室から校医につながる健康管理の体制も整備されています。それぞれの条件整備は十全とはいえなくても、学校が日常的に果たしている福祉的機能がとらえなおされたのです。このことは最近の中央教育審議会の議論でも「学校の臨時休業に伴う問題や懸念が生じたことにより、学校は、学習機会と学力を保障するという役割のみならず、全人的な発達・成長を保障する役割や、人と安全・安心につながることができる居場所・セーフティーネットとして身体的、精神的な健康を保障するという福祉的な役割をも担っていることが再認識された」と記載されています。[10]

また、小学生低学年の子をもつ看護師が出勤できず診療制限を行う病院もでました。[11] コロナ禍のなか、社会を支えるエッセンシャルワーカーの役割が見なおされるとともに、学校・教師はエッセンシャルワーカーに準ずる役割を果たしている現実も明らかになりました。このような事実は、教師のしごとは授業に限定されるものでなく、学校における子どもの生活を支える多様かつ重層的なものであり、子どもの生存・発達に関わる総合的な内容をもっていることを示すものです。このように考えると、コロナ禍は教職観の社会的合意の水準を引きあげる機会となる可能性もありました。

「九月入学・始業」の検討という政策的混迷と日本教育学会の機敏な対応

学校がいつ再開されるかもわからないなかで、大きな動きになったのは大学受験を控えた高校生の声でした。ネット上では九月入学を求める署名サイト、これに反対の署名サイトが開設されました。こうした動きを受けて、四月三〇日には全国知事会が緊急提言で「九月入学」に言及しました[12]。そして、五月二日には官邸を中心に政府内での検討がはじまり、一二日には自民党内にワーキングチームがつくられるにいたりました。

このような動きに対して、日本教育学会は五月一一日に、緊急声明「『9月入学・始業』の拙速な決定を避け、慎重な社会的論議を求める——拙速な導入はかえって問題を深刻化する」を発表しました。声明では、問題の背景には、勉強の遅れと受験への不安や部活動や行事などの時間を削減しないでほしいという子どもたちの声、学校再開後の短縮された期間での詰め込み・スピード教育への保護者・教師の心配があることに耳を傾ける必要性を指摘し、九月入学・始業の導入は問題の解決ではなく状況をさらに混乱・悪化させかねないと提起しました[13]。加えて、同学会は緊急に特別委員会を設置し、同月二二日には「9月入学・始業」に関する「提言」をまとめ、文部科学省に提出しました。提出された全四〇頁におよぶ「提言」は二部構成になっており、緊急の課題に対する対応策を示しつつ基本的で全面的な改革の提言になっています。第Ⅰ部では「9月入学・始業実施の場合必要な措置と生じる諸問題」を具体的に提示するとともに、第Ⅱ部では条件整備の内容も提起しています。①実効的に危機に対応しつつ持続的な学力保障を、③「学びの遅れ」の心配に応える、④「学力の格差拡大」の心配に応える、⑤子どもたちへのケアの必要に応える、⑧入試・就職の不安に応える、⑨必要となる人員と予算、など九項目です。[14]「学力の格差拡大」への心配と並んで、「子どもたちへのケアの必要に応える」という福祉的な対応が提起されていることに注目したいと思います。

新型コロナウイルス以降の教育条件整備の課題と教師

教室で新型コロナウイルスの感染予防に必要な距離を確保することは、現在の学級定員では困難であること、休校中の分散登校では少人数の授業などを経験し、それが歓迎されたことなどを踏まえ、乾彰夫《いぬいあきお》（東京都立大学名誉教授）、中嶋哲彦《なかじまてつひこ》（名古屋大学名誉教授）、中村雅子（桜美林大学教授）を世話人とする「少人数学級化を求める教育研究者有志」一二名（以下、有志の会）が呼びかけて、「子ども一人一人を大切にする　感染症にも強い少人数学級を求める署名」が展開されました。一一月九日には文部科学省で記者会見し、活動の趣旨に賛同する署名が一八万人分を超えたこと、一二月には同省に提出することを表明しました。また、有志の会は、少人数学級の効果、教員目線の理想的な学級規模のデータなど、法改正実現に向けて必要な論点を盛り込んだパンフレットを発表しました。[15]

一一月一二日、萩生田文部科学大臣は、「ＧＩＧＡスクール構想と少人数学級を両輪として令和の教育を作る。不退転の決意で取り組んでいく」と強調しました。[16] 少人数学級の実現について、担当大臣が「不退転の決意」で取り組むと表明するのはこれまでにない大きな変化です。その後、一二月一七日には、財務大臣との折衝をへて、「公立小学校の学級編成を今後五年かけて三五人に引き下げる」としました。そして、二〇二一（令和三）年二月二日、政府は公立小学校の一学級当たりの上限人数を三五人とする「義務教育標準法改正案」を閣議決定しました。しかし、それと両輪とされる「ＧＩＧＡスクール構想」は、「文部科学省としては、１人１台端末環境の整備に加えて、……教員のＩＣＴ活用指導力の向上、情報モラル教育をはじめとする情報教育の充実など、ハード・ソフトの両面からの教育改革に取り組みます」というものですが[17]、ここにはいくつもの懸念があります。その重要な一つは、すでに存在する学習条件の格差がいっそう広がるということです。さらに、「公教育の現場に民間事業者が提供する教材やプログラムが溢《あふ》れかえ」り、「教育の『市場化』が進むことはまちがいありませんが、それが教育の『公共性』を破壊しかねない点が危惧される[18]」のです。

家庭の経済格差とＩＣＴ

二〇二〇（令和二）年四月二三日、文部科学省は、「新型コロナウイルスによる緊急事態宣言を受けた家庭での学習や校務継続のためのＩＣＴの積極的活用について」という通知を発出しました。通知の中心は「ＩＣＴの活用の推奨」であり、「新型コロナウイルス感染症対策による臨時休業等を踏まえると、各自治体及び家庭におけるＩＣＴ環境整備の状況に配慮しつつ、あらゆる機会にＩＣＴを最大限にご活用いただくことが子供たちの学びの機会の保障に効果的である」としました。そのうえで、「これらの取り組みを積極的に行っている学校現場とそうでない現場との格差が広がっていくことは適切ではありません」と指摘し、「まずはその積極的な活用に向け、現場を最もよく知る教員が家庭とともにあらゆる工夫を行えるよう対応いただきたい」と指摘しました。[19] 現場での「格差が広がっていく」懸念があることは否定できませんが、ＩＣＴの積極活用に向けて教員を動員することも含め、相当に前のめりの動きがみて取れるのです。この問題を考える場合には、国連子どもの権利委員会の「新型コロナ感染症（ＣＯＶＩＤ－19）に関する声明」などが踏まえられるべきです。そこでは、「オンライン学習が、すでに存在する不平等を悪化させ、または生徒・教員間の相互交流に置き換わることがないようにすること」（三項）、「脆弱《ぜいじゃく》な状況に置かれている子どもたちを保護するための焦点化された措置をとるべきである」（七項）などが指摘されています。[20]

いま、教師が子どもの現実に真摯に対応するためには、上記のような生活格差を含め子どもの生活状況をしっかりとらえたうえで、問題を広く社会的な視野をもって検討することが必要です。しかし、この間の新自由主義の教育改革は、子どもの現実よりも教育政策に忠実であることを教師に対して求めてきました。それが「二〇〇九年型教職観」に反映されています。新型コロナ感染症の広がる社会的危機は、その深刻な矛盾を露呈させたといえるでしょう。

新自由主義教育改革と教師の専門性

この間の教育政策の動向と、その教師の専門性への影響について概観しておきましょう。

「21世紀を展望した我が国の教育の在り方について」という、教育改革の方向を大きく示した中央教育審議会答申が出されたのは一九九六（平成八）年七月一九日です。[◆21] この答申は、これからの社会を「変化の激しい、先行き不透明な、厳しい時代」と描き、「子供に［生きる力］と［ゆとり］を」という副題を添えながら、社会の変化に対応する教育のあり方として、「国際化や情報化などの社会の変化に対応し、……初等中等教育段階は、これらの変化に主体的に対応できる資質や能力の基礎を」育成するといいます。「社会の変化に主体的に対応する」、つまり、社会がどのように変化してもそれに合わせるということが基本であり、社会形成の主体としての子どもを育てるとはなっていません。社会の変化は、国際化や情報化として描かれていますが、それが新自由主義の進展のなかで展開している問題は指摘しないのです。

教育学者の佐貫浩《さぬきひろし》は、「１９９０年代の後半に、学校をめぐる状況は大きく変化した。何よりも大きな変化は、社会が新自由主義の論理で改変されていったことである」と指摘し、人間の発達援助に果たす学校の公共的役割を新自由主義が破壊した様相を以下のように論じました。

> 公教育や保育などの子どもが人間として成長していくプロセスを支える、本来公共的なものであるべき営みに、新自由主義の論理、市場競争と自己責任、民営化の論理が持ちこまれ、学習権の実現において格差が広がり、逆にこれらの教育制度が、家庭経済格差に比例して発達と自立の格差を拡大するという事態が生まれはじめている。そして、市場的な

公共性の仕組みは、階層格差の底辺におかれた人々を社会的な相互援助システムであるべき公共サービスから排除し、人間らしく生きるすべを奪われた人々に「自己責任」というメッセージを送りつけている。[22]

本節の冒頭で述べた油布佐和子などの研究[23]が示す教職観の変容の背景には、こうした論理が現場教師にも浸透していることがあります。しかし、コロナ禍の学校の職員室での会話で、休校中の子どもの家庭での生活状況を心配する教師の声が飛び交ったことも事実です。気になる子どもの生活に対応して必要なケアをしようとする声は、日本の教員文化に深く根ざしており、このような教師の感覚や学校の福祉的役割を消し去ることはできません。もちろん、学校を子どもの生活と切り離して、狭い「勉強」の場と考える流れも強くあり、それは「二〇〇九年型教職観」と通じるところがあります。しかし、その場合でも、「学校というのは、子どもを深く観察し、教師が子どもと共に生きる中で、子どもの発達課題をとらえ、それに応える専門的力量を向上させ、そのためにまた教職員が共同していく協同的な教育的真理の発見とその達成のシステム[24]」という学校観とぶつかり葛藤が起きます。

教師が「子どもの発達課題」をとらえるためには、子どもが発達主体であり、生活主体であるというリアルな認識がなければなりません。それはいいかえるなら、「子どもをつかむ[25]」ということであり、従前、そのようにつかんだ子どもの全体性に応答するところに日本の教師の高い専門性があると評価されてもきました。このことに関して、第四章で触れた石田和男[26]の、「子どもをつかむことは、子どもの人間としての総体を、現実の生活の総体との関係において考察し、発達の矛盾の実態を探りだすことに中心がおかれなければならない」という指摘は重要です[27]。

教育政策の求める教師の資質・能力と教師の専門性の高度化

次節以下にみるような「子どもの人間としての総体」に働きかける教育実践は、「教師の人間としての総体」との応答であり、教師の専門性のとらえ方においても貫かれなければなりません。そこにこそ教師の自律性と教育実践の自由の根拠をみるのです。しかるに、国の教育政策・方針にはこのような観点が欠落しています。

中央教育審議会は二〇一五（平成二七）年一二月二一日、「これからの学校教育を担う教員の資質能力の向上について」という答申を出しました[28]。答申は冒頭で「教員政策の重要性」を強調し、「教員の資質能力向上は我が国の最重要課題であり、世界の潮流でもある」としています。しかしそこでは、「国の繁栄」「国家社会の活力」という目標に照らした「人材育成」が目的であって、教育がなにより大事にすべき子どもの尊厳や人間形成は視野に入っていません。個々の教員には「その職は高度に専門的なものであり、国家社会の活力を作り出す重要な職であるとの誇りを持ちつつ、高い志で自ら研鑽《けんさん》すること」を求めていますが、ここでも、教職の専門性や重要性は「国家社会の活力を作り出す」ところに収斂《しゅうれん》されています。これは教育の目的は「人格の完成を目指し、平和で民主的な国家及び社会の形成者」を育成するとした「教育基本法」第1条の規定にも合致しません。

　この答申は、グローバルな資本主義的競争に勝ち残るための人材養成を学校教育の目的とすることをあからさまに表明し、新自由主義的な国際競争のなかで勝ち抜く国家像に教育をひざまずかせようとするものです。そして、現実に学校で進行しているのは「生活指導面での『管理主義』や、教科指導面での『指導技術のマニュアル化◆[29]』」です。「このような専門性の『低度化』は、これまで自主的に創造的な教育研究活動の蓄積を通じてその『高度化』を教師アイデンティティとして進めてきた実践派教師たちの志向とも激しく対立◆[30]」しており、その葛藤のなかに教職を矮小化する「二〇〇九年型教職観」を超えていく可能性をみることができます。なぜなら、自主的、創造的に教育研究活動を進める基本は、目の前の子どもと誠実に向き合うことであり、教育実践は子どもの実像をしっかりとらえることから出発しなければならないからです。それは「子どもの貧困」が広く指摘される現状において、子どもの生活状況の全体をつかむ努力をすることです。暮らしのなかにおいてその子を深く理解するという教育実践の思想は、わが国においては、さきに触れた生活綴方《つづりかた》や生活教育などの実践をとおして豊かになってきたものです。

混迷のなかで使命と役割を問いなおされる教師

公教育システムを現場で担う「制度の中の教師」は、その時々の政策動向に大きく規定されます。しかしそのなかでも、教育の自律性を守り、子どもの全面発達と人間的成長をめざして専門性を発揮しようとする教師たちの努力について、油布佐和子は「『教育の公共性』を重視し学校・家庭・地域の連携や当事者性に重点を置き」、「新たな専門職の創生」を論じ、医療専門職研究のなかで、「ケアの領域に携わる『対人専門職』が持つ問題は、教師のそれと類似している」と指摘しています。[31] 子どもへのケアを考え子どもとともに生きようとする教師像と、うえからの指示に合わせた伝道師の役割との間で、対立や葛藤が渦巻くことになります。

教師に対する圧力は、新自由主義の浸透のなかで、政治行政の筋だけではなく、学力テストの点数競争など社会的な同調圧力としても働いています。それゆえ、新自由主義を超克する教師には、学力テスト競争に埋没せず、子どもにとって意味のある学びを創りだす教育実践が求められています。子どもは社会の現実と応答しながら生きているのであり、その子の生活実感に根ざした子どもにとって意味のある学びを創りだすには、現実の社会状況を批判的にみる深い社会認識が求められます。

休校になった学校での子どもへの対応をみても、教職観の違いは日常の感覚の発露をとおして浮かびあがりました。「給食が急になくなって、あの子はどうするのだろう」とか、「留守家庭になると自閉傾向のあの子が心配」などの声にみるような、子どもの生活を丸ごとみようとする教師たちがいます。また、すぐに課題プリントの準備をはじめたとか、教材会社のＷｅｂ教材を確認したというように「学力」が問題だと考える教師もいて、おそらくはこれが多数派でしょう。休校で「自宅待機だと言ったのに遊びに出ている子がいる」と気にするなど、教育の社会統制機能を内面化し子どもが規律の枠内にいるかを問題にする教師もいます。このように多様な反応や対応の違いを生みだすのは教職観の違いであると指摘するのは間違いではありません。しかし、さらにみておかなければならないことは、そうした教職観の根底には、「圧力」や「とらわれ」を自覚しながらもそこから自由になりきれないという教師の葛藤も横たわっているということです。そこをみないと「新自由主義を超克する」展望を広く共有することは困難です。休校中に「学級通信」を作成しそれを届けながら家庭訪問をした教師が、子どもや保護者に歓迎されて元気になった事例も聞きました。それは制度のなかの教師という枠を背負いながらも、子どもや保護者と直につながることによって「圧力」や「とらわれ」から自由になる道をたどったとみることができます。

　意味のある学びを創造する教師を考えるとき、戦後教育学者の代表的存在である勝田守一がかつて、教員養成について論じたなかで述べたことを想起したいと思います。勝田は、「現代日本の社会的文化的状況を批判的に内面化し、教育の目的に即して教える内容を自由に創造的に組織する知見を教師に保障する」ことを教員養成の基本に据えて考えていました。[32] 教師の自律性と創造的実践の自由への圧力が強まる今日、「二〇〇九年型教職観」では、「現代日本の社会的文化的状況を批判的に内面化」することを忌避し、逆に「状況への従順さ」を内面化する傾向があります。もし、社会状況への批判的認識なしに困難な課題を抱える子どもに向き合えば、困難をその子の弱さや自己責任に帰する危険が生まれます。それゆえに、教師に求められることとして、勝田のいう「教える内容を自由に創造的に組織する知見」とともに、「その子と子ども集団の発達状況と課題に即応して実践を展開する知見と技量」が加えられるべきであると私は考えます。つまり、子ども研究と教育実践研究の結合のいっそうの深化が重要であると思うのです。

子どもの困難に寄り添う

「子どもの発達状況と課題に即応して実践を展開する知見と技量」は、教師には当然必要なものです。それはもともとそれほど意識もせずに対応してきた教師の日常のなかに埋め込まれていたことでもあるでしょう。それをなぜ改めて強調しなければならないのでしょうか。そこには子どもの困難な状況が複雑化していることがあります。また、競争と評価による管理も強まり、教師の前で容易に自分をださない子どもが増えているという問題もあります。教育は人格の完成をめざし、子どもと教師が「魂あいふれて」進めるものであるのに、子どもとの関係づくりが教師の悩ましい課題になっているという状況があります。子どもの困難は家族の生活上の困難や家族関係の困難などがいくつも重複している場合が多いのです。そうした子どもへの援助は、福祉的援助や家族支援の視点がいっそう必要とされるようになっています。さらに、コロナ禍のなかで新自由主義的改革によって福祉国家的な部分を削減してきた日本社会の脆《ぜい》弱性《じゃくせい》が暴きだされ、困難は弱者のうえに幾重にも加重されている現実が突きつけられました。子どもの困難に寄り添うということは、子どもと家族の生活世界をつかむことが必要であり、その困難を生みだしている社会的な要因をみなければなりません。そういう観点が、子どもの生活と発達に心を寄せる日本の教師の教職観の土台を形成してきたといえます。

人間発達援助の専門職としての教師像

子どもの困難の複雑化や深刻化は教育学研究においてどのように受けとめられてきたでしょうか。教育社会学の立場から教育病理を研究した新堀通也《しんぼりみちや》は、「いじめ、不登校、引きこもり、非行、暴力、学級崩壊、学力低下など今日、各種の教育病理現象が多発、深刻化して、教育の荒廃、不在、困難、危機が広い憂慮関心のまととなっており、……こうした現実的ならびに理論的な要請に答えようとして、最近『臨床教育学』と名づけられる学問分野が大学や学会に誕生」したといいます[◆33]。そして、臨床教育学の出自を、教育学系、臨床心理学系、福祉・医療系に分類して整理しています。その前史には多彩な流れがありますが、臨床教育学の名を冠する研究機関の誕生は、一九八八（昭和六三）年に京都大学大学院教育学研究科臨床教育学専攻が設置されたのが最初です。設置の趣旨は「学部におけるこれまでの心理教育相談の実践と既存講座との緊密な連携のうえに、臨床心理学と教育学を統合したより包括的・実践的な青少年の人格研究と、臨床経験に基づく教育理論の発展を目的とし、あわせて高度の教育相談の専門家の養成と再教育を行おうとするもの」[34]とされました。設置の中心になった和田修二は、「一般教育学の応用でも臨床心理学の応用でもない。その両者に対する関係を保ちながら個別の子どもの実際的な教育相談の経験に基づいて、絶えず既成の教育と教育概念の批判的な再構築を指向する『具体的個別的で実践的な教育学』となるべきであると考えた」といいます。[35]その後、一九九四（平成六）年には武庫川女子大学にも大学院臨床教育学研究科が独立研究科として開設されました。ここでは「発達・適応上の問題が多発、深刻化している」という現状認識のうえに、「教育学・心理学・福祉学を総合した臨床教育学を構想し、臨床教育の研究とその専門的人材養成を行うこと」を設立の趣旨としていました。[36]

日本教育学会では、一九九九（平成一一）年九月から三年間「『臨床教育学』の動向と課題」をテーマとした共同研究が組織されました。その呼びかけ人の一人田中孝彦《たなかたかひこ》は、「日本の教育学の従来の蓄積と自己批判を踏まえて、教育学の今日的展開として『臨床教育学』を構想しようという問題意識」が、「この共同研究を貫く大きな特徴の一つであった」といいます。[37]これらに共通するのは、子どもの困難そのものを実践と研究の対象にするということです。

二〇一一（平成二三）年の日本臨床教育学会の設立はこうした流れの結節点となりました。

学会の設立に当たり臨床教育学はどのように構想されていたのでしょうか。設立の中心で初代の会長になった田中は、「①総合的な人間理解・子ども理解と発達援助の学、②諸領域で働く発達援助職の専門性の問い直しとその養成・教育の学、③とくに教師の専門性の問い直しとその養成・教育・研修の改革の学、という三側面を含んだ『総合的な人間発達援助学』として構想しておきたい」[38]と述べました。そして、「福祉・医療・心理臨床・文化・社会教育などの分野で働いている専門家たちと、学校で働いている教師たちを、同じ現代の『人間発達援助専門職』としてとらえる必要があると考える」といいます。[39]こうして、「人間発達援助の専門職としての教師」という教師像が浮かびあがります。

そうした教師には、「すべての子どもが人間として成長していくプロセスを支える」という真の公共性を踏まえた教職観に立ち、拡大する階層格差の底辺に置かれた人々の生活に心を寄せる社会的な感性が求められます。「家庭経済格差」を越えて、どの子にも発達と自立への営みとその意欲を育てる実践が求められるということでもあります。

教育の公共性の再構築

子どもを生活主体、学習主体としてとらえ、その子の人間的成長を助ける営みとして教育を考えることは、教育学だけの認識ではありません。繰り返しの引用になりますが、経済学者の宇沢弘文《うざわひろふみ》は、学校教育は「社会的共通資本」であるとし、「教育とは何か」と問い、「教育とは、一人一人の子どもがもっている多様な先天的、後天的資質をできるだけ生かし、その能力をできるだけ伸ばし、発展させ、実り多い、幸福な人生をおくることができる一人の人間として成長することをたすけるものである」と論じました◆40。

いま、新自由主義教育の超克が問題になるのは、従前このように理解され共有されてきた社会的共通資本としての学校像や教育の公共性が、変質と解体の危機にあるからです。このような状況に抗して、教育学者の佐貫浩・世取山洋介《よとりやまようすけ》は「教育の公共性というものを実践的にも理論的にも新しい形で立ち上げることが求められている」と言っていますが私も同感です◆41。

しかしそれは、どこかから、まったく目新しいものをもち込んでくることではありません。本書で明らかにしたように、明治維新以降日本の教師たちが営々として積みあげてきた教育実践に学べば展望が拓《ひら》けるはずです。稲垣忠彦は一九八四（昭和五九）年に刊行された『戦後教育を考える』（岩波書店）のなかで、「今日の日本の教育の質に疑問を感じ、その質を変えることを求める現場からの改造の動きは決して少なくない」とし、それを「涸《か》れることのない水脈」「もう一つの伝統◆42」だと論じました。本稿はそのような水脈を提示する試みであるといえます。「人間発達援助専門職としての教師」という教職観は、近現代日本の教員史のなかに脈々と流れてきた涸れない水脈の現代における流路だといえるでしょう。次節以下では、そのことを示す教師たちとそのしごとを取りあげて検討します。

第５章第１節の注

◆１　佐藤学「現代社会のなかの教師」『岩波講座　現代の教育６　教師像の再構築』（岩波書店、一九九八年）、三二四頁。

◆２　教育職員の精神疾患による病気休職者数（令和四年度「公立学校教職員の人事行政状況調査」の結果。教育職員の精神疾患による病気休職者数は、六五三九人（全教育職員数の〇・七一％）で、令和三年度（五八九七人）から六四二人増加し、過去最多（文部科学省ホームページ）。

◆３　「教職の変容――『第三の教育改革』を経て」『日本教育社会学会　第61回大会発表要旨集録』二〇〇九年九月一二日、一九九頁。

◆４　門脇厚司「教育社会学研究と教師教育の課題――教育専門職者の公務員化を促す要因についての綜合的研究」岩田康之・三石初雄編『現代の教育改革と教師――これからの教師教育研究のために』（東京学芸大学出版会、二〇一一年）一四四〜一四五頁。

◆５　同書、一四五頁。

◆６　臨時休校についての根拠法規は「学校保健安全法」である。しかし、以下の関連条文にみるように、「臨時休業」を行う権限を持つのは「学校の設置者」であって内閣総理大臣ではない。

「学校保健安全法（一部）」

（臨時休業）

第二十条　学校の設置者は、感染症の予防上必要があるときは、臨時に、学校の全部又は一部の休業を行うことができる。

（学校の設置者の事務の委任）

第三十一条　学校の設置者は、他の法律に特別の定めがある場合のほか、この法律に基づき処理すべき事務を校長に委任することができる。

◆7 『新型コロナ対応・民間臨時調査会　調査・検証報告書』一般財団法人アジア・パシフィック・イニシアティブ（ディスカヴァー・トゥエンティワン、二〇二〇年一〇月）一二九頁。

◆8 新納ひかり「一斉休校で、中学校の現場が対応してきたこと」『歴史地理教育』第九一七号、二〇二〇年一一月増刊号、二〇二〇年一一月一〇日、一二八頁。

◆9 村越含博「子どもとの時間が止まった学校現場――北海道で起きていたこと」『教育』第八九五号、二〇二〇年八月一日、六一頁〜六七頁。

◆10 二〇二〇年一二月四日「『令和の日本型学校教育』の構築を目指して」答申素案、中央教育審議会初等中等教育分科会（第一二八回）会議資料。

◆11 北海道・帯広の病院では、「看護師ら約700人の医療スタッフのうち、2割を超す約170人が小中学生の子を持つ。その多くが出勤できなくなる可能性があるため外来の診療を縮小した」朝日新聞二〇二〇年二月二九日付。

◆12 全国知事会「新型コロナウイルス感染症対策に係る緊急提言」。https://www.nga.gr.jp/item/material/files/group/2/shingatakoronauirusukansensyotaisakukinkyuteigen%20

20200522.pdf
◆13　日本教育学会　https://www.jera.jp/20200511-1/
◆14　日本教育学会「９月入学・始業制」問題検討特別委員会（委員長・乾彰夫東京都立大学名誉教授、副委員長・勝野正章東京大学教授が、五月二二日に発表した提言「９月入学よりも、いま本当に必要な取り組みを――より質の高い教育を目指す改革へ――」https://www.jera.jp/wp-content/uploads/2020/05/JERA20200522SpecialCommitteeTeigen.pdf
◆15　日本教育新聞二〇二〇年一一月一六日付。
◆16　同前。
　ＧＩＧＡはGlobal and Innovation Gateway for All の略。二〇一九年に文部科学省が発表した学校教育におけるＩＣＴ環境整備についての構想。全国の小中高校などで高速大容量の通信ネットワークを整備し、児童生徒一人一台のパソコン・端末の普及を目指すとしている。また、ＩＣＴはInformation and Communication Technology の略で、「情報通信技術」という意味。
◆17　文部科学大臣メッセージ「子供たち一人ひとりに個別最適化され、創造性を育む教育ＩＣＴ環境の実現に向けて～令和時代のスタンダードとしての１人１台端末環境～」、二〇一九年一二月一九日。
◆18　児美川孝一郎「ＧＩＧＡスクールというディストピア――Society5.0 に子どもたちの未来は託せるか？」『世界』第九四〇号、二〇二一年一月一日、四九～五〇頁。

◆19　文部科学省初等中等教育局情報教育・外国語教育課長名の各都道府県教育委員会学校設備整備等担当課長宛通知、「新型コロナウイルスによる緊急事態宣言を受けた家庭での学習や校務継続のためのＩＣＴの積極的活用について」。

◆20　国連・子どもの権利委員会、新型コロナ感染症（ＣＯＶＩＤ－19）に関する声明。「子どもの権利委員会は、ＣＯＶＩＤ－19パンデミックが子どもたちに及ぼす重大な身体的、情緒的および身体的影響について警告するとともに、各国に対し、子どもたちの権利を保護するよう求める」、二〇二〇年四月八日（日本語訳平野裕二）、全一一項目。

◆21　中央教育審議会答申「二一世紀を展望した我が国の教育の在り方について」https://www.mext.go.jp/b_menu/shingi/chuuou/toushin/970606.htm

◆22　佐貫浩『学力と新自由主義──「自己責任」から「共に生きる」学力へ』（大月書店、二〇〇九年）一一～一二頁。

◆23　油布佐和子・紅林伸幸「教育改革は、教職をどのように変容させるか？」『早稲田大学大学院教職研究科紀要』第三号、二〇一一年三月一日、一九～四五頁参照。

◆24　佐貫浩・世取山洋介編『新自由主義教育改革──その理論・実態と対抗軸』（大月書店、二〇〇八年）、三一七頁。

◆25　田中孝彦「『子どもをつかむ』ということ──石田和男の教育実践の思想の核心」石田和男教育著作集編集委員会編『石田和男教育著作集３　子どもをつかむ実践と思想』（花伝社、二〇一七年）、三六六～三九〇頁。

◆26　石田和男（一九二八～二〇二二）「恵那の教育」として知られた岐阜県恵那地方の教育における実践・研究・運動を担った中心人物。『石田和男教育著作集』（全四巻、花伝社、二〇一七）がある。関連する参考文献として、佐貫浩『恵那の戦後教育運動と現代──『石田和男教育著作集』を読む』（花伝社、二〇二一年）。第四章◆7も参照。
◆27　前掲◆25、二〇二頁。
◆28　中央教育審議会答申「これからの学校教育を担う教員の資質能力の向上について～学び合い、高め合う教員育成コミュニティの構築に向けて～」（中教審第一八四号）平成二七年一二月二一日。
◆29　久冨善之「教師の生活・文化・意識──献身的教師像の組み替えに寄せて」、前掲◆1所収論文、八六頁。
◆30　同書、八七頁。
◆31　油布佐和子『転換期の教師』（財団法人放送大学教育振興会、二〇〇七年）二三二～二三四頁。
◆32　勝田守一「総括的考察」日本教育学会編『教員養成制度の諸問題』（一九六四年）、七三頁。
◆33　新堀通也編著『臨床教育学の体系と展開』（多賀出版、二〇〇二年）、はしがき。
◆34　和田修二・皇紀夫編著『臨床教育学』（アカデミア出版会、一九九六年）、九頁。
◆35　和田修二「臨床教育学専攻を設置した経緯と期待」、前掲◆34所収論文、一一頁。

◆36　武庫川女子大学大学院臨床教育学研究科・武庫川女子大学教育研究所編『臨床教育学研究科10年の歩み』、二〇〇四年、一頁。

◆37　小林剛・皇紀夫・田中孝彦編『臨床教育学序説』（柏書房、二〇〇二年）、二九四頁。

◆38　田中孝彦「日本臨床教育学会の設立の趣旨について──二〇一一年三月一九日の設立総会での報告」『臨床教育学研究』第〇巻、二〇一一年、一六五頁。

◆39　田中孝彦「臨床教育学の構想」『創造現場の臨床教育学──教師像の問い直しと教師教育の改革のために』（明石書店、二〇〇八年）、三三頁。

◆40　宇沢弘文『社会的共通資本』（岩波新書、二〇〇〇年）、二二四頁。

◆41　前掲◆24、三一九頁。

◆42　稲垣忠彦『戦後教育を考える』（岩波新書、一九八四年）、一二六頁。

2　「子どもをつかむ」という教師の教育観が示すこと

（1）「子どもをつかむ」という教育観の発生と教育実践の展開

日本の教師の教育実践と教職意識は、子どもの困難にぶつかり、それとの格闘を通じて創造され深められてきました。終戦直後の貧困・食糧難などの絶対的貧困状況を脱して高度成長に向かい、社会構造が変化し都市への人口集中と地域の荒廃が進み、教育においては子どもの生活の変化とともに、「荒れ」や「新しい荒れ」、不登校、いじめ、自殺など、子どもの問題状況が繰り返し社会問題になってきました。深刻な困難を抱える子どもに向き合う教師は、生きる主体としてのその子の発達援助を考え、生活からの深い子ども理解に立つ教育実践を求め続けてきました。そのことをよく示すのが、「子どもをつかむ」[1]という言葉とそれを踏まえた教育実践でした。そこには、「子どもの内面の真実」に迫ろうとする教師の探究がありました。[2]

しかし、「子どもをつかむ」というその言葉が容易に通用しない現実があります。生活綴方教育では「内面の真実」に迫るともいってきましたが、現代を生きる子どもはその内面への接近を容易に許さない鎧《よろい》を着込んでいます。「何かを表現すれば傷つく、もう傷つきたくない」という、自己防御の堅い鎧を子どもが自ら脱ぐのを助けるような教育実践が必要になっています。

佐貫浩・世取山洋介によれば、「学校から教師の主体性を剝奪《はくだつ》するにとどまらず、親や地域住民が学校に直接参加して学校教育のあり方を考える回路をも閉ざしてしまいます。そして教師が親・住民と共同するのではなく、上（国家）からの管理と競争の市場の論理に囚《とら》われる事態」が日々進行しています。[3]

そうであれば、この状況に向き合い、子どもを生活と学習の主体に位置づける教育は、地域や家族の生活現実のなかの子どもの事実から教育実践を構想することになります。そのためには、時代に対する批判的な認識をもつとともに、「子どもをつかむ」という教育思想のいっそうの深化が求められます。本節では、その手がかりとして、津田八洲男《つだやすお》（一九四〇〜二〇〇八）と金森俊朗（一九四六〜二〇二〇）という二人の教師のしごとを取りあげて検討します。

（2）子どもの生活をつかむ実践と教師の自己形成――津田八洲男のしごと

「生き方を学びあう」生活綴方実践

生活上の困難やそれと向き合うなかで生まれる悲しみや喜びをみつめ、綴《つづ》らせて、意味あるものとしてそれに光を当てる生活綴方教育は戦前からの蓄積をもちます。「子どもをつかむ」といういい方は、その生活綴方教育から生みだされた言葉です。戦後生活綴方教育の一つの拠点ともなった岐阜県恵那《えな》地域における教育実践を検討して教育学者の坂元忠芳は次のように論じました。

「子どもをつかむ」とは、子どもに対する理解や認識と「同時」におこなわれるというか、「子どもに対する理解」が「子どもにたいする働きかけそのもの」であることを指している。しかもその働きかけが、子ども自身の生活と内面を子どもが子ども自身の関係のなかで自主的に変革していくようにうながすことをめざす。[4]

「子ども自身の生活と内面を子どもが子ども自身の関係のなかで自主的に変革していく」ということは、子どもにとっては自らの生き方を考えることです。このことを深く追究した教師として青森の綴方教師津田八洲男に着目します。[5] 津田には、『かもめ島の子ら』（一九七九年）、『5組の旗――綴る中で育つ子ら』（一九八四年）、『きかん車の詩――生き方を学びあう子どもたち』（一九九〇年）などの教育実践記録があります。『津田八洲男教育実践著作集』（全３巻、二〇〇〇年）も出されていて、教師としての生涯と教育実践の全体像を理解することができます。それらの著作では、子どもの作品と津田のコメントがそのまま収録されており、それらをとおして、具体的な子どもの事実と津田の教職意識を把握することができます。

津田は自らの教育実践を「生き方をつかむ綴方」だと表現しました。津田は、生活綴方教育を、「子どもたちの心に感動の芽を育て、日常の生活に心をふるわせ、人間を人間としてとらえさせていく仕事」であり、「事実を事実としてとらえ、その事実を書き綴る中で、正しい認識を育てていく仕事でもあり、子ども一人ひとりがどう生きていくか人間の根源にかかわる仕事」であるととらえます。[6] 具体的には、「教室で起こるさまざまなできごとから学び、子ども達に必要と思われる本や他の子の作品を読んでやり、歴史的事実や人間の生き方について話してやるのです。子どもの心の耕しを日常的にしていく」という努力とともに、「一人の子どもの思いを学級全体に知らせ、そこから学び合う学級、一人の喜びや悲しみを、我がことのように受け入れてくれる仲間のいる学級を作」ること、それをしないと、「真実の思いを吐き出すこともできないし、文に表れている思いを読み取り、共感し、支えることもできない」と述べています。さらに、「一人ひとりの子どもの心にふれ、励まし、支える人間教師としての働きかけも必要にな」るともいっています。[7] そして、このような教育実践の意味を、「子どもは、まわりの人間とのかかわりの中で育っていく。人間の美しさやみにくさや事実の中にひそむ真実に、自分なりに気づいていく。それを文に綴ることにより、内面に刻みつけていく。人間をどうとらえるか、どう生きているのかと深く結びついていることになる。こういう点から考えると、やはり生活綴方教育は、生き方の教育だといえるだろう」と述べました。[8] 津田がここで描いた「一人ひとりの子どもの心にふれ、励まし、支える人間教師」という教師像こそが、津田の教育実践の基底にあった教職観を端的に示しているといえるでしょう。

「子どもの魂の訴え」を聴く教師

津田は一九四〇（昭和一五）年、青森県に生まれ、北海道学芸大学函館《はこだて》校卒業後、北海道檜《ひ》山《やま》地域の小学校に一年勤務した後青森県内の中学校に六年勤務し、以後退職まで三〇年間、同県内の小学校教師として勤めました。青森で最初に勤務した中学校教師時代は「文学かぶれの国語教師」だったとふり返り、「ときおり感情的になり、意のままにならない子どもに制裁を加えたりする、自分本位で傲慢な教師でした」といいます。時代は一九六〇年代後半、「厳しい減反政策が農家に危機をもたらしていました。冷害で自殺者さえ出る状況のなかで親の生活苦を目の当たりにし、受験戦争の渦に巻き込まれ、荒れている子どもの内面をわかろうともしなかったのです。知識さえ与えていればという暢気《のんき》で考えの浅い教師だった」ともいいます。◆9 そのような教師が、子どもに心を寄せようとする思いに導かれて、その時代のなかで、子どもをその生活からみることをとおして時々の課題に向き合っていくのです。

一九六〇年代前半から二〇〇〇年まで三六年におよぶ津田の教育実践では、子どもの作品をとおして青森という地域に生きる人々のさまざまな困難が浮かびあがります。出稼ぎや内職を含めて親たちの仕事と労働の様子が綴られており、子どもの作品をとおして、親と子の喜びも悲しみも共有していきました。教育実践における子どもと親の生活に対する教師の共感の質は、その教師の地域と生活現実に対する認識によって規定されます。「知識さえ与えていれば」と考えていた若い津田に、大きな転換のきっかけを与えたのは子どもの文集をもってきて子どものことを熱っぽく語る「地区の組合の先輩」教師であり、先輩実践家でした。◆10 しかし、「実践を続けていくうちにまた壁にぶつかってしまうのだ。実践の技術はある程度まねができても、その実践の根となっている教師の人間性・生き方まではまねができなかったのです。結局、私自身が子どもと取り組む中で、悩み実践する中で、その壁を破らなくてはならなかった」といい、「生活綴方教育が、教師の生き方と深く関わっていることを実感としてうけとめた」のは、教職員組合や作文サークル活動を目の敵にした広域人事の対象とされ、勤務する中学校から百三十数キロ離れた下北半島の小学校に不当配転されてからのことでした。[11] このような不当な経験によって津田の教職観は彫琢《ちょうたく》されたのです。

「教師の仕事を腰掛け程度にしか考えていなかった私の不遜な態度を、『本物の教師』を追求する姿勢に転換させてくれた」のは、中学校での学級文集「根っ子」をとおした子どもたちとの出会いでした。「子どもたちは、ゆれる心をそのままに書いてくれました。私に対する不満も進学の悩みも就職の悩みも不安も、そして友達との関わりの難しさも世の中の矛盾も。これらは、自分やまわりを考える貴重な材料となりましたが、何よりも彼らと私との距離を縮め、心通わせる基となった」と生活綴方教育に打ち込むことになった出発点を語ります。[12] 教職員組合活動、組合の教育研究活動、サークル活動などをとおして、子どもの置かれた社会的状況に対する認識と子ども理解の目は深まり広がり鍛《きた》えられました。気になる子どもの言動を生み出す問題の把握について、一九九〇年には次のように述べています。

小さなことで叫び、ののしり合い、けんかになる。できない子を嘲笑し、欠点を平気でみんなの前で吹聴《ふいちょう》する。自分の世界に閉じ込もり他とのかかわりを避けようとする。……子どもたちは、成長・発達のどこかで歪《ゆが》んでくるように思えてならない。この歪みをもたらすものを考えたとき、どうしても避けて通れないものがある。一つは、子どもをとりまく諸状況があまりにも貧しいということである。二つは、子ども・親の立場を無視した教育そのものである。この二つが、感情の粗雑な子どもにし、遊び下手な子どもにし、寂《さび》しがり屋の子どもにし、人を平気であざ笑う子どもにしているのである。◆13

ここには子どもを社会状況の変化のなかでとらえ、心を寄せようとする津田の姿があります。状況の厳しさをリアルに認識しながら、津田は次のように教職観を展望してみせました。

子どもをとりまく状況がさらに悪化し、内面的にひ弱な寂しい子どもが増えていくだろう。職場は、管理主義教育がはびこり、生活綴方教育が入りにくくなっていくだろう。だが、決して悲観的にはなっていない。どんな時でも、生活綴方教師は、子どもの側に立ち、子どもに寄りそい、励まし、生きる力を育ててきたからである。また、管理主義教育が、ますます「子どもが見えない」状況を作り出していくなかで、とまどいながらも本物の教育は何かを求める教師が現れてくる必然性があるからである。◆14

「心ひびきあう」関係をつくる教師のしごと

津田は悲しみや悩みのなかにいる子どもの傍らに信頼できる大人として寄り添い、つかんだ子どもの願いや思いを学級通信や文集をとおして子ども・保護者と共有するしごとを続けました。津田の目に映ったのは、「教師が目の前の仕事に追われて子どもの立場を考えることができなくなるのが怖い」といわしめるような状況でした。[15] 津田は「詩は、子どもの魂の訴え」であり、子どもたちが生み出す宝物だといいます。そして、「自分を守るために何枚も重ねた皮の中で、宝物は輝き出すのを待っている」と子どもの魂への信頼を語ったうえで、「その皮を一枚ずつ剝ぐことができるのはだれでしょう」[16] と問いかけました。津田は、「子どもとの関わりなしに教育などできない」と表現していますが、今日の状況は「子どもとの関わり」を容易に許さない厳しさをもっています。「子どもとの関わり」の質を問いなおす必要があり、津田はそのしごとを「心ひびきあう」こととして語ったのです。それは「子どもをつかむ」ということについて津田が到達した境地でした。

坂元忠芳は先にみたように、教師の「働きかけが、子ども自身の生活と内面を子どもが子ども自身の関係のなかで自主的に変革していくようにうながすことをめざす」と述べましたが、時代の変化は、子どもが「追い詰められ」、「自分を守るために何枚も重ねた皮」の厚さも堅さも増さざるを得ない厳しさを加えています。それは引きこもりや自殺という深刻な事態の背後にある問題と通底します。津田の言葉は、教師の働きかけが子ども自身の力になり、自らが主体的にその皮を内側から脱いでいく子どもの素晴らしさへの信頼を説いていると読むことができます。しかし、そのためには、より深く子どもからの信頼を得なければならない課題があることを同時に訴えています。それは「追い詰められ」て横たわる子どもの傍らに立つ、いわば

「臨床」の覚悟を教師に迫っているといえるでしょう。それは、津田が「子どもとの関わり」と一般的に表現する内容を、個別性、特定性をもって深めることです。そもそも教師のしごとは、自分という生きた人間をまるごと使って、目の前の子どもという別の人格に働きかけるものです。津田は学校における教師と子どもの関係について、「学校の中で一番身近な人間、大人ってのは教師なんですよね。その教師と結びつかない限り絶対に、人間を学ぶっていうことができないんです。あらためて今、子どもと教師っていうことを考えなくてはいけない時期なんじゃないかなあと思うんです」と述べています。[17]津田は「子どもの心に入る」とも表現していますが、「子どもと教師が人間として互いに信頼関係を持つことが大事。二つ目は子ども同士を結びつけていく。三つ目は家族の一人として子どもがどう親とかかわっていくのか。それから親がどう子どもとかかわっていくのか」というように、人間的信頼で結ばれた子どもの生活世界を求めています。[18]それを形成する働きかけを、津田は教師の本質的なしごとと考え、「心ひびきあう」という表現でいい当てたのだといえるでしょう。津田が強調する「心ひびきあう」という言葉には、津田と子どもにとどまらず、子ども同士の深い相互理解と社会連帯性の獲得への願いが込められていたと考えます。

（3）「いっしょに生きようぜ」と呼びかける教育観の意味——金森俊朗のしごと

社会認識に根ざした連帯性の探究

「いっしょに生きようぜ！」は金森俊朗が日本生活教育連盟の機関誌『生活教育』に二〇〇七年四月号から翌年三月号まで連載した教育実践記録のタイトルです。金森は、自分の少年時代は誰にも悲しみを伝えることができず、自分だけの胸にしまい込んでいたといいます。ところが、「担任しているこの子どもたちは、発信されたものを、自らを掘り起こして受けとめることによって『自分の中に友を、友の中に自分を発見』していった。共感性を育んだとも言える」とこのタイトルに込めた思いを語っています。◆19 つまり、このタイトルは子どもたちへの呼びかけであると同時に、金森の教育実践の自己評価にもなっているのです。金森は、「つながりあう」「共感性」ということを繰り返し強調しましたが、そこには自分の生い立ちのなかでの辛さと、子ども同士が自然にはつながりにくい社会状況への認識が踏まえられているのです。「子どもも保護者も私たちは間違いなく、現代という格差社会、競争と抑圧の激しい社会に生きている。そこに生きる弱者同士が共同して教育・子育てに立ち向かっていかなければならない◆20」という社会認識に根ざした連帯性の探究でした。「いっしょに生きよう」というつながり合いの学習は、子ども同士の関係や学級内にとどまりません。被爆者、臨月の母、末期癌《がん》の患者も含まれていたのです。そのような人間的応答と連帯のベースにあったのは、「いのち」への深い思いでした。

「いのちの教育」の多彩な展開

金森俊朗は日本の小学校教師として著名な存在です。それは教育実践にかかる受賞歴にも示されています。◆21なかでも広く社会に金森を知らしめたのは、二〇〇三年にＮＨＫが放映した番組「涙と笑いのハッピークラス　四年一組　命の授業」であり、これは第三〇回日本賞グランプリ、バンフ国際テレビ祭グランプリ（二〇〇四年）を受賞しました。また、長年の教育実践が評価されて、二〇一〇年には第一九回ペスタロッチー教育賞を受賞しました。その受賞理由には、先のＮＨＫの番組を高く評価した後、以下のように記されています。

妊婦や末期癌患者を教室に招く「本物に触れる教育」は、著書『性の授業　死の授業』や『いのちの教科書』で紹介され、いのちの教育のモデルとして高い評価を得ている。そうした金森氏の教育実践は、長年にわたる地道な教育経験に裏打ちされたものであり、教育を良くしたい、子どもを善くしたいとの願いに突き動かされた教員同士の研究会において磨かれたものである。上からの政策ではなく、まず、目の前に日々を生き抜く子どもたちがいる。そうした子どもたちに教えられ、ともに学んだ経験と工夫の積み重ねが、関心を同じくする教員に受け止められ、全国から参観者が訪れる学級をつくっていった。[22]

金森は、このような教育実践を貫く自らの視点を、「いのち輝く視点」と表現し次のように述べました。

教育とは自分が深くわかる、つまり人間を理解するということがその目的だと言ってもいいと思います。それを私は「いのち輝く」という言い方で、一本の柱にしています。そして、いのち輝くために一番大事なことは、人間の存在の尊厳を学ぶという視点を持つことだと思っています。[23]

金森において「いのち輝く」とは、人間存在そのものの尊厳を基軸に据えることだと認識されていました。それゆえにこそ、目の前の子どものいのちの輝きと、死に臨む末期癌患者や時代を超えた被爆者の問題をつないで学ぶ教育実践が創造されたのだといえるでしょう。

実践と運動のなかでの自己形成

金森は金沢大学教育学部の出身であり、学部時代、その後「生涯の師」[24]と慕うことになる中野光のゼミで学び、卒業論文では「村山俊太郎の生活綴方教育」を研究しました。卒業後、石川県内の八つの小学校に勤務し二〇〇七年に退職しました。その後北陸学院大学人間総合学部幼児児童教育学科教授として教員養成にも携わりました。この間、いしかわ県民教育文化センター所長、日本生活教育連盟全国委員、同石川サークル副委員長などを歴任しました。金森自身がいうように、日本の生活教育の研究の中心にいた中野との大学での出会いは大きかったのです。中野がめざしたのは、「子どもたちの共同生活のなかで、子どもたちのなかに眠っている真実への探究心をよびさまし教えながら学ぶという探究的教師」でした。金森については、「生活教育の思想」「人間連帯の創出と発展」が実践を貫くと特徴づけ、「教科書によりかかってしまっては実践は生気を失う。子どもたちのなかにどうしたら真実への視座を確保させることができるのだろうか。そのきびしい課題に、金森君は地域の現実に即して、多くの人々との協力によって創造的に迫ってきている」と中野は評価しました[25]。

　生活綴方教育、生活教育になぜ惹《ひ》かれるようになったのでしょうか。それは両者の教育思想や方法が自分の人格形成史と結合していったからだったといいます。「すべての教科内容、つまり科学・学問と文化を、テキストに書かれた抽象的観念的なものとしてではなく、……地域の現実の具体的な文脈、リアリズムに求めていくのです。ボクはこの生活教育論に自分の少年時代を重ねて考えることができ、親近感が持てた」と述べています[26]。

　教師になってからの金森は、日本生活教育連盟の石川サークルを組織し、生活綴方のサークルでも旺盛に活動しました。金森自身が、「日生連石川サークルは教師の学校」「生活綴り方サークルが私の大学」だというように、教師の仲間と交流し自己形成を進めました。[27] その様子を金森自身の言葉でみておきます。

集会を自ら作りながら仲間と共に学ぶという原点は、学生時代に作られた。金沢大学入学と同時に「生活綴り方研究会」というサークルに入会。……戦前の北方の綴り方教師群像に出会い、教師や教育の仕事に強い興味を持つ。同時に、サークルという学習集団を作っていく苦労と喜びにも惹かれていった。……サークルや教育学研究室の自主ゼミ、中野光ゼミなどで学び、研究したことをレポートにまとめ、北信越教育系学生ゼミナール（三年生の時私はその中央事務局長）、さらに全国教育系学生ゼミナールという大きな運動体に発表してきた。……大学から「教育される」というよりは、自らと仲間を教育する学習内容、方法も時間、場所も集団も自ら苦労しながら創ってきた。人や学びの世界、さらに現実生活とどうつながるかを仲間と共に実践的に追求しながら学んできた。[28]

「サークルにしっかり軸足をおいたボクは、日本教育史、生活綴方教育、生活教育を本格的に学ぼうと志し」、教育学研究室に籍を置いたといいます。[29] 実践と理論を結合した研究を教育現場で続けた金森の原点はここにあるといえるでしょう。そして、学ぶに当たって「そのときの主要な『武器』になったのは、綴る＝書いて仲間に伝えるという方法論でした。綴ることは、学習を深めるとともに集団を組織する（仲間との関係を深める）二重の方法論であった」といいます[30]。

しかし、若い金森には、青年期にありがちな理念先行のきらいもあったようです。新卒一年目の教師であった一九七〇（昭和四五）年、第五回日生連石川集会の分科会で司会兼報告者を兼ねて「くらしとつなげる教科指導」という報告を行いました。その報告では、「かなり力を入れた歴史学習から育った子どもの歴史観も知識だけのガイコツ的なものであった」とふり返り、その根底には「勤評体制反対、平和を守り真実を貫く民主教育がスローガン化され、観念ばかりが先行していた姿勢」だったという自己批判がありました。このような自己批判は『生活教育』誌上の若狭蔵之助《わかさくらのすけ》の論考に触発されたものでした。金森はいいます。「歴史事象や社会事象、人物を概念や法則としてではなく、歴史的表象として、子どもたちに獲得させていかなければならないという論は私に手きびしかった」と。そして、「教授と訓育との二元的なとらえ方をやめて、教科の中の人格形成という役割を再検討すべき」であると受けとめました[31]。一九七四（昭和四九）年の報告では、「実践、研究を追求する際、大切にしてきた道すじ」は、「子どもの具体的な生活を地域の基本的な生活、経済基盤とつなげて、リアルにとらえ、そこから教育課題を明らかにし、教育内容、方法を考える[32]」というように、「子どもの具体的な生活」が基本に据えられることとなりました。

ここには、実践と運動のなかで教師としての自己を形成し、創造的実践を探究し続けた金森の歩みがよく語られています。批判的な社会認識と実践の哲学を結合した金森の生活教育の思想は、教育研究だけでなく、自治的学習集団をつくり、そこでの報告や交流という学び合いのなかで形成されたものです。このような自己形成（自己教育）の体験的把握が、学習主体は自分自身であるという、子どもに向き合う際の原体験になっており、生きる主体・学ぶ主体としての子ども把握という基底的な実践の思想になっています。このようにして、教師である自己への理解と地続きの子ども理解があるからこそ、「いっしょに生きようぜ」「ハッピーに生きる」という金森の呼びかけが、子どもたちにも親たちにも強く響いていきます。[33] 生活教育・生活綴方教育実践として多彩な実践をまとめた『太陽の学校』（一九八八年）から、『性の授業 死の授業』（一九九六年）、『いのちの教科書』（二〇〇三年）という著書の表題からも、「いっしょに生きる」ために考える課題が、「性、生、死、いのち」と人間存在の根底的な問題に直接つながるように、時代の厳しさに応答して深まっていったことがうかがえます。

子どもの心と体を抑圧するものを見すえる社会認識の質

「どろんこサッカー」は、金森が「きらめきの少年期を創る」ため「自然や仲間とのボディコミュニケーション」を強めると位置づける重要な実践です。[34] 「体と心を仲間や他世界に向かって解放させ、体を通して仲間を知り、コミュニケーションを深くしていく。土砂降り、泥水という自然の悪条件との応答関係さえ創り鍛えられる」と意味づけています。汚れに抵抗感の強い女子も含め、子どもがどのように抵抗感をもつか、それを解放する手順を考え、子どもと自然の関係性、友だち同士の関係性、子どもと親との関係性のつくりかえを生みだすように考えられています。[35] このねらいは、どろんこサッカーなどの遊び、さらに森や川をかける、飛び込むなどで展開するボディコミュニケーションを中心にした子どもらしい生活の復権であり、「『仲間がいるって、学ぶって、生きているって、すばらしい、楽しい』という生の充実感を育てることである」と説明されます。[36] 子どもの心と体を解放させることを重視し、子どもが社会的につながりあって成長することをつくりだすこのような実践が構想されたのは、金森が子どもらしさを失わせ、子どもの心と体を抑圧するものに対する厳しい批判的な目をもっていたからです。金森のいうところをみておきましょう。

学ぶことの意味が見いだせないまま勉強し良い成績をとることが目的化し、その路線から外れることに不安感を抱いている。親の愛が期待と一体化しているが故に、期待に応えられるか否かが愛から突き放される不安になる……能力主義だけが子どもを追い込んでいるのではない。いじめ、嫌がらせ、差別と偏見、異質への排除、リストラ、合理化、長時間労働、成果主義、単身赴任、離婚、児童虐待などの社会問題が学校や家庭に強く侵入し、子どもの内面世界に孤立、寂しさ、自己嫌悪、不安、悲しみ、恐怖などの感情を強めている。[37]

このような問題状況の把握は、金森が「地域破壊の実態と学校の地域との遊離は凄《すさ》まじい。子どもが成長していく土台としての地域や環境を組みかえなければならないが、それは教師や教育運動の直接課題ではない。だが地域再生の中に生きないと子ども、親、住民の真の姿は見えてこない。子どもと共に生きる生活者としても地域に生きることは当然である」[38]と考え、生活者として地域に生きる立場に立つことによって可能になったといえます。

金森は、現代は「家庭、学校、企業、地域が激しく解体、再編成されている。……弱者が切り捨てられる時代である。子どもたちの内面世界に、その政策や体制からの危機、暴力性が忍び込んでいるのは当然ともいえる。それが、輝いて生きることを阻む」。それゆえに、「『自己責任原則社会』『高度に競争的な学校システム』から生ずるストレス、悩み、悲しみなどの感情世界を心拓《ひら》いて共有しあう学び」が必要だというのです。[39]

社会状況へのこのような鋭い認識が、教師としての金森の自律性を支えていました。この自律的な思考と教育の本質への考察に立って、現状の「学校が持つ否定的側面を自覚し、それを常に意識して実践を構想」[40]する金森の姿勢があります。二〇〇六（平成一八）年、金森は「政府・与党は教育基本法改悪法案を参議院本会議で強引に採決可決」したことについて、「戦前の暗黒時代の反省に立ち、国家による人づくりを否定し、教育の自主性と自立性を謳《うた》う教育基本法のどこに問題があったの」かと、戦後教育の基本的価値を守るべきだと強く訴えました。

金森は、戦争への反省を踏まえて獲得した教育の自主性と自律性の重要性を強調するとともに、「民主主義を踏みにじっての強行採決は許し難い」と強く批判しました。◆41 このような批判的な社会認識の質が金森の自律的な態度を生むのであり、それは常に子どもの側に立って創造的な実践を展開する教職観とも通底しているのです。

第5章第2節の注

◆1　坂元忠芳「恵那の教育実践」『「恵那の教育」資料集』第1巻（桐書房、二〇〇〇年）八二頁。

◆2　石田和男「戦後の教育をふりかえり、民主教育の原点をさぐる――子どもをどうつかむか」（1976年民主教育研究全国交流集会基調報告）『「恵那の教育」資料集』第2巻（桐書房、二〇〇〇年）、七一三頁。

◆3　佐貫浩・世取山洋介編『新自由主義教育改革――その理論・実態と対抗軸』（大月書店、二〇〇八年）、三一八頁。

◆4　前掲◆1、同頁。

◆5　津田八洲男生活綴方教育の実践家として知られた津田であり、実践の多くは会員として属した日本作文の会の機関誌「作文と教育」に発表された。しかし、そればかりでなく、『国民教育研究』（青森県国民教育研究所）、『特別活動研究』（明治図書）、『教育実践』（日本民間教育研究団体連絡会）、『日本の学童ほいく』（全国学童保育連絡協議会）、『教育』

（教育科学研究会）などにも実践記録を発表した。

◆6　津田八洲男「確かな実践の方向をさぐりながら」『作文と教育』32巻4号、一九八一年四月一日、一七～一八頁。

◆7　『津田八洲男教育実践著作集2　生活綴方実践論とその指導』、津田八洲男教育実践著作集刊行委員会発行、二〇〇〇年、一九九頁。

◆8　「研究ノート　強固な意思をどうつちかうか」『作文と教育』37巻1号、一九八六年一月一日、八九頁。

◆9　津田八洲男編『児童詩集　心ひびきあう――津田学級から生まれた詩』（ノエル、二〇〇八年）、四頁。

◆10　同書、四頁。

◆11　津田八洲男「確かな実践の方向をさぐりながら」『作文と教育』32巻4号、一九八一年四月一日、一三頁。

◆12　前掲◆9、五頁。

◆13　津田八洲男「生きる土台を学び合う」『生活教育』42巻5号、一九九〇年五月一日、二八～二九頁。

◆14　津田八洲男「実践と運動の両立こそ」『作文と教育』39巻1号、一九八八年一月一日、一四頁。

◆15　前掲◆9、八頁。

◆16　前掲◆9、八頁。
◆17　津田八洲男「人間らしく育てたい」『保育問題研究』№154、一九九五年八月二五日、二〇五～二〇六頁。
◆18　前掲◆9、二一七頁。
◆19　『金森俊朗の子ども・授業・教師・教育論』（子どもの未来社、二〇〇九年）、二一九～二二〇頁。
◆20　同書、二四九頁。
◆21　一九八九年第10回教育科学研究会賞、一九九七年第29回中日教育賞、二〇一〇年第19回ペスタロッチー教育賞など。
◆22　広島大学大学院教育学研究科第19回ペスタロッチー賞受賞者紹介。ペスタロッチー教育賞は広島大学大学院教育学研究科が一九九二年に設置した。戦後広島大学に在籍し、教育学研究に貢献した長田新を記念し、長田がヨハン・ハインリッヒ・ペスタロッチを研究したことに因んだものであり、優れた教育実践を行っている個人・団体を顕彰するものである。
◆23　金森俊朗『子どもの力は学び合ってこそ育つ――金森学級38年の教え』（角川書店、二〇〇七年）、一三九頁。
◆24　前掲◆19、二五九頁。
◆25　中野光「〈解題にかえて〉あっぱれ、この生活教育者」金森俊朗『太陽の学校』（教育史料出版会、一九八八年）、二四一頁。

◆26　金森俊朗、辻直人『学び合う教室──金森学級と日本の世界教育遺産』（KADOKAWA、二〇一七年）、一六六頁。

◆27　前掲◆19、二五五頁、二五八頁。

◆28　同書、二五九頁。

◆29　前掲◆26、一六八頁。

◆30　前掲◆19、二五九頁。

◆31　金森俊朗「くらしとつなげる教科指導」『生活教育』一九七〇年三月号、一九七〇年三月一日、三六頁〜三九頁。

◆32　金森俊朗「子どもの発達をめぐる問題状況と私たちの課題──石川サークルの基調提案」『生活教育』、一九七四年三月号、一九七四年三月一日、二二頁。

◆33　前掲◆19。それぞれ、同書の章のテーマに含まれている。

◆34　金森俊朗「いのちの輝きと生きる力を育む教育思想と実践」『助産師』二〇一八年一一月一日、一四頁。

◆35　金森俊朗「関係性が生み出す希望──体験的教育実践論」『北陸学院大学・北陸学院大学短期大学部研究紀要』第1号、二〇〇九年三月三日、一八頁。

◆36　金森俊朗「『私のいのち』を見つめる授業」『児童心理』二〇〇四年五月号、二〇〇四年五月一日、一一六頁。

◆37　前掲◆35、二五頁。
◆38　金森俊朗「地域に生きる教師」『生活教育』一九九三年六月号、一九九三年六月一日、一二頁。
◆39　前掲◆36、一一九頁。
◆40　金森俊朗『いのちの教科書――生きる希望を育てる』（角川文庫、二〇〇七年）、二四七頁。
◆41　同書、二五三頁。

3　保護者とともに地域をつくる教師のしごと――教師の地域認識の変化と教職意識

（1）現代における「地域と教育」

新型コロナウイルス感染症の広がりを経て、これまでの「日常生活」と社会システムを広く深く見なおすことに我々は迫られています。それは世界的規模での歴史的な体験です。この厳しい現実のなかで「地域と教育」を考えるとき、戦争直後の社会状況と戦後教育の出発点を思い起こします。地域はそこに生きるものが日常生活をとおして問題と向き合う舞台です。いま、子どもと教育を考えるとき、さまざまな問題が突きだされる地域をどうとらえるかが問われています。

　戦後教育は破滅的な社会状況をもたらした戦争への深い反省をもとに、「社会生活の改造を教育の目的にする」研究と実践を生みだしました。大田《おおた》堯《たかし》（一九一八～二〇一八）が主導した「本郷地域教育計画」では、「皇国民錬成《れんせい》の中央統制・画一主義の戦前教育を批判し、単なるカリキュラムの地域社会化をこえて社会改造のために地域民衆の生活から教育を編成するという、教育目的と教育編成の原理の転換を鮮明に打ち出し」ました。そして、「伝達の専門家に貶《おとし》められていた教師の位置は、創造的実践と研究の主体になることが期待された」[1]のです。

　一九四〇年代末当時、この実践と運動に参加した本郷小学校の教師たちにとって、「教育が地域社会の住民の願いや要求から編成されることを身をもってつかむことは、中央集権体制の統制された教育のもとで、国家に規定された内容の伝達という長い慣習を克服する効果的な努力だったと考えられる。それは同時に、子どもの悩みをつかむうえでも欠くことのできないものであった。教師の創造的実践の基礎をなす、子ども理解の基底的な部分を形成する仕事で」した[2]。大田は、「教育をとおして地域の大衆と結びつくには、……同じ悩みの中で、抑圧やゆがみをうけている子どもの悩みをつかんで、それを温めながら、その悩みの成り立ちや社会的原因を子どもとともに直視する」ことだと述べました[3]。これは、子どもの生きる現実の社会と子ども自身の内面の問題をつなぐという教育実践の探究の道筋です。時代と地域の課題と向き合って各地で生みだされたいくつもの教育実践をとおして、「地域に根ざす学校づくり」という言葉が、地域に生き、地域の生活のなかでの「子ども理解」を踏まえた教育を追求しようとする教師にとってはなじみのある言葉になりました。しかし、新自由主義教育改革は、「改革主体としての学校の性格が否定され……上からの命令に対する忠誠を表明するという一方通行のもとして進行し……多くの教職員が、創意を働かせることを断念し、働く意欲を喪失しつつあるように見え[◆4]」ます。

こうした状況下で日本社会は歴史的な大災害である東日本大震災に見舞われ、福島原発事故と大津波が重なり甚大な被害を受けました。その壊滅的な打撃を受けた地域において、「創意を働かせ」「教育的情熱」を燃やして、「教育の荒廃」を乗り越える教育実践の一つの典型として、石巻市立雄勝《おがつ》小学校教諭だった徳水博志の取り組みを取りあげ、その教育実践の意味と、それを生みだした徳水の教職意識について考察します。

(2)　危機のなかの教師のしごとと教職意識――東日本大震災と徳水博志

二〇一一（平成二三）年三月一一日の東日本大震災によって、東北の太平洋沿岸では大津波で学校も地域も丸ごと流され、保護者も子どもも教職員にも多くの犠牲者が出ました。その状況で「地域に根ざす」とは、被災した地域住民・子どもの生活に根ざすことであり、それは地域の復興の質を問うことにならざるを得ません。そういう観点から、徳水博志という一人の教師が地域の復興とともに歩みつつ、子どもに寄り添い「被災児が震災と向き合いながら、震災の意味を問うことを目指した教育実践」◆5に着目しました。

徳水は自らも被災者でしたが、支援物資をもって「避難所回りをして地区住民と接するうちに、受ける側ではなくて与える側に回るほど私たちを元気にしてくれるものはない」と感じ、「だからこそ、一度や二度の外部からの支援ではなくて、地区住民の一人として住民と一緒に雄勝を長期的に復興することこそ自分の使命だと悟り」地域に根づく覚悟を固めました。◆6徳水の覚悟は、「地域あっての学校であり、地域の学校は子どもを守る最後の砦《とりで》であるべきだ、という強い信念を持つようになり……学校とは本来、親や地域の願いに沿った『地域に根ざした学校』であるべきだ、という学校観に目覚め」ることにつながりました。それは、「私の意識の中では、学校観の大転換」でした。◆7「自ら行動し、自ら自分を取り巻く環境を変える主体になり始めたときに、私の意識は明らかに変わり始めました」という述懐にみるように、◆8変革主体としての気づきと「学校観の転換」は深くつながっていました。では、その転換の内実はどのようなものでしょうか。

震災被害のなかで教師徳水はなにを考えたか

まず、徳水博志の教師としての自己形成を概観しておきましょう。徳水は一九五三（昭和二八）年に生まれました。宮城県外出身者であり、教師になるにあたって石巻市に移住しました。教師になったいきさつと実践の歩みを、徳水へのあるインタビューでみておきます。

大学卒業後一度、出版会社に入社していたため、30歳を過ぎてから小学校教師として働き始めた。一度実社会に出て働いた後に研究者への道を考えていたが、当時校内暴力で荒れていた学校を取材したことがきっかけとなり教育問題に関心を抱き、小学校の教師への転職を決意した（中略）教師になって半年後、国語科の民間教育研究団体の「文芸教育研究協議会」に加入した。文芸教育研究協議会は「自己と自己を取り巻く世界をよりよい方向へ変革する主体を育てる」という目的をもっており、その理念が徳水が当時持っていた問題意識や思想に重なった。[◆9]

この歩みのなかに、徳水の基本精神として「研究と変革への志向」があることがよく表れています。そして、それこそが研究的実践者としての徳水の創造的実践を生み出す力になったものです。

徳水は被災直後から、被災とそれに伴って起こる問題状況をリアルタイムで発信し、自らが所属する文芸教育研究協議会（以下、文芸研）の機関誌『文芸教育』第九五号（二〇一一年六月執筆）、同九六号（同年九月執筆）、同九七号（同年一二月執筆）に連載しました。そして、これらの文章をもとに『震災と向き合う子どもたち　心のケアと地域づくりの記録』を出版しました。[10] そこには被災地の教育課題をしっかりみつめ、地域に生きる子どもの立場から迫ろうとする教育実践が濃密に記述されています。徳水は「被災校が進める『学力向上』は、被災児に『村を捨てる学力』を育てていると問題提起し」、「『復興教育』による学校づくりへの挑戦の記録」だと述べています。[11]

　徳水の発想の初発は、宮城県教育委員会がいう「学校復興」や「学校正常化」に「子ども理解が不在」だと感じたことにありました。避難所から通い、食べ物も満足に食べていない、将来への不安、つらさや喪失感情を心に抱えている子どもの実態に向き合っていないと感じたのです。目の前の子どもを取り巻く生活環境が激変しているのに、震災前の「教育課程」が「被災児たちに必要な学びだろうか」という疑問を抱きました。「子どもの実態をとらえ直し、震災で生じた新しい教育課題を明らかにして、それを克服するための新しい『教育課程』を自主編成する必要性を感じ」たのです。[12]「上から」降りてくる方針に対して、違和感や疑問をもつその根拠が目の前の子どものリアルな把握であるところに、徳水がこれまで展開してきた教育実践の蓄積が感じられます。子ども理解を中心に据えて教育を考えたことが、主体性と自律性をもった教育実践創造の源になったといえるでしょう。しかし、その歩みは順風満帆とはいきませんでした。躓《つまず》き、省察し、構想し、実践する、それぞれの局面で徳水が探究したものは、子どもと教師の間の「教えと学びの応答の関係」でした。それは「私も子どもから学び、『こんな感じ方や考え方もあったのだ！』と感動したり発見したりして子ども理解を深め、お互いに学び合う関係のこと」でした。[13]

子どもの現実から出発する教育課程づくり

徳水の地域に生きる覚悟は、「雄勝《おがつ》地区震災復興町づくり協議会」に参加し、地区住民の一人として活動するなかで揺るがぬものになりました。そして、子どもを中心に据えた多彩な教育実践を創造しました。なかでも、「地域復興の総合学習」や「希望の船」と題された共同制作の木版画は大きな注目を集めました。

徳水は、「『学習指導要領』に基づく『教育課程』と、震災後の雄勝小学校と子どもたちの現実との間には、大きなずれが生じました。そこで、子どもの現実から出発して、新しく『教育課程』を自主編成する必要が生まれ」ましたといいます。[14]徳水は「雄勝小学校の復興は『旧秩序の復旧』のように学校単独の復旧を意味するものではなく、……雄勝地区の復興と一体であり、〈地域の復興なくして学校の再建なし〉の合い言葉の下、学校は雄勝地域と絶えず情報を交換しつつ、地域と〈つながって〉おくことが重要」だと考え、そこから「教育課程」の自主編成を進めました[15]。

学校復興の基本方針のもとになった「雄勝小学校を取り巻く基本認識」では、学校と地域の関係認識を第一に据え、第二には児童観の転換を据えました。それは「本校の児童は一〇年後の石巻・雄勝地区の復興の主体になるべき、地域の〝宝〟であるという児童観に立つ」ということでした。「私たち教師が地域に生きる子どもの幸せを願うならば、地域復興に貢献できる内容に『教育課程』を組み替えること、そして、子どもたちが地域復興に参加できるような教育実践をつくり出す責務が出てくる」と主張しました[16]。それは、地域の宝である子どもが、自分たちの生きる地域の復興の主体になっていくという実践創造の決意でもありました。このように、「子どもが主体になる教育」ということをはっきり打ちだしているのが、徳水の教育実践の重要な特質です。次に、主体になる子どもをどう理解するのか、子ども理解がどれほどのリアリティで語られるかが重要です。徳水の子ども理解について検討しましょう。

子ども理解の転換

「子どもの実態の理解」について徳水は、「被災した子どもをどのように理解するか、その理解の仕方によって『具体的な方策』が決まってきます。私の被災体験からいえることは、『被災者が持っている〈喪失感情〉の本質とは、人と人とのつながり（関係性）の喪失である』ととらえ」ました[17]。そして、徳水は目の前の子どもの「震災二年目から起きた〝新たな荒れ〟」

に直面することになりました。震災二年目に担任した五年生は、「学習にまったく興味を示しませんでした。勉強なんか役に立たない！　と投げやりな子もいました。イラついて、『死ね！　殺すぞ！』の暴言を吐く子もいて、いじめや暴力事件は毎日のように発生」という状態でした。こうした子どもの状況に対して、「子どもの学びの要求に応える教科指導を行えば、子どもは必ず変わるはずだという自信をもって臨みました」が、子どもは変わらず、「これまで積み上げてきた教科指導が、全く通用しないという事態に直面」しました。[18] それは、「私の中の自信がガラガラと音を立てて崩れていく」「教師生活で味わう初めての危機」「学級崩壊に陥った教師のつらさ」と書いているように、すでに定年間近になっている著名な教師をしてこう感じさせるほどの深刻な事態でした。しかし徳水の子どもをみる目は、「新たな荒れ」を生みだすものをとらえようとする深さをもっていました。「学級崩壊とは異なる、何かがあるとも直観しました。私の指示や要求に反発はしないし無視もしないのです。学ぶ意欲の問題でもないのです。学ぶ以前に、明らかに心身に何かの異常をきたし、〝心が何かに囚《とら》われている〟状態とでもいいましょうか。教師の指導を受け入れる器としての身体と心が、何か異常な状態に陥ったように見えました」といい、それは「教師生活で初めて見る姿」だったといいます。「そうであるならば、被災児が起こす問題行動は、もはや望ましい道徳性やモラルを身につけさせる生徒指導上の問題ではありません。学習指導方法の改善の問題でもない」と考え、[19] すぐには「指導の見通しが見えないまま」一学期を終えると、震災後の過労とストレスで持病が悪化し一カ月の入院生活に入ります。この入院期間を含む三カ月ほどが、震災体験の自己省察と実践構想のための時間になりました。この間にまず考えたことは、「子ども理解の転換」でした。それは、「生徒指導上の問題」としてみてしまうのでなく、「子どもは震災がらみの、何かの病理を発症しているのではないのか、という見方に転換し」、それを「子ども理解の転換」と自ら名づけました。この「子ども理解の転換」が、徳水自身の被災体験のとらえなおし、苦しさの自己省察と結びついていたことも重要なことであると思われます。徳水は、「被災児が見せる震災がらみの病理とは、震災のトラウマやグリーフ（喪失感情や悲嘆感情）であり、それをケアするためには、これまでの学校教育の範疇《はんちゅう》を超えた新しい教育方法を、開発しなければならない」と考えるようになりました◆20。これは彼自身が「トラウマ感情を一つひとつ解きほぐし、言語で対象化し整理する作業」を経たからこその到達だと考えられます。深い子ども理解に立って構造化された実践構想の基底には、教師自らの自己省察をとおした子どもの体験との深い共有がありました。そこから「子どもとともに生きる教師」の生々しい姿が浮かんできます。

「復興教育」の実践構想とその哲学

二〇一一年六月、徳水は「復興教育」と名づける新しい教育課程と実践の構想を提案し、学校と地域をつないで具体化しました。目の前のありのままの子どもの姿に向き合い、深く傷ついた子どものケアをはかりながら、子どもと地域の学習課題を探究しさまざまな実践に取り組んだのです。この提案をまず校長に示し、全教職員に説明する機会を設定し、合意を形成したというその進め方にも、徳水の力量が発揮されました。

　被災地の復興をどのようにはかるかは、これまでの歴史経験のなかでも大きな対立をはらむものでした。「被災者がそれまで生活を営んでいた土地や農地・漁場から強制的に切り離され、満足な生活保障もなされずに流民化する一方で、安価になった被災地の土地や資源を、大きな経営体が時の公権力の行財政権限をも利用してまとめて取得・集積し、それを新たな資本蓄積の手段として活用する方法」[21]、「ショック・ドクトリン（惨事便乗型資本主義）」[22]と表現されています。

　一九九五（平成七）年の阪神・淡路大震災のときに問題になったのが「創造的復興」でした。「創造的復興」とは、当時の兵庫県知事がつくった言葉であり、「新自由主義的な経済政策思想が強まるなかで、空港や高規格道路、都市の再開発投資を先行させ、災害を奇貨として一気に産業構造の高度化を図るために基盤をつくるべきだという考え方であった。だが、ハード事業を優先した『創造的復興』の結果は、惨憺《さんたん》たるものであった」のです。そうした事業の多くが「被災者の生活再建に結びつかないもの」であったからですが[23]、いい換えるなら、「創造的復興」では、「被災地以外の大企業のビジネスチャンスになったとしても、肝心の被災者の生活再建、地域経済の再生には直結しないことは歴史の教訓であり、世界的にも『惨事便乗型資本主義』として警告されていたことであった」[24]のです。こういう事態のなかで、「被災者とその生活領域である地域に軸足を置いた『人間の復興』の政策思想に裏打ちされた真の創造的復興が望まれ」ました。[25]徳水の実践はそれに対して教育実践として応答したものだといえます。徳水にとって「人間の復興」とは、目前の子どもが「内面に抱く苦悩、喪失感情そのものを教材化することです。子どもに寄り添って、心の不安や叫びを聞き取り、受け止め、表現させ、そして前を向く力を育てる」ことでした。[26]その実践を徳水は「ケア的教育実践」と呼びました。[27]「被災児は、自宅、地域、親兄弟を失って人生が一八〇度激変しました。どんなに泣き叫んでも家族は帰ってきません。どんなにあがいても、元の世界には戻れないのです。これが峻厳《しゆんげん》な現実」でした。[28]こうした子どもの現実に向き合い、徳水は自分自身の自己省察の経験を踏まえて次のような学びが必要だと考えました。

①　子どもが抱える苦悩や喪失感情を整理して、表現する学び（対象化）。
②　震災を人生の一部として引き受けて、自分の震災体験の意味を問う学び（意味づけ）。
③　震災をただの不幸なマイナス体験にせず、人生の「物語」を新しく描き直し、プラスに転化するような学び（関係性の再構築）。

このような考察からは、生活主体としての子どもを深く理解し、子どもが震災体験を超克して自らの人生を主体的に生きる力を育てたいという徳水の強い願いが読み取れます。

こうして被災二年目の「新たな教育実践を〈被災体験の対象化〉および〈意味づける学び〉

と名づけ[29]」、復興教育の構想はさらに深みと広がりを増しました。

徳水博志の教職意識と自己形成

「人とつながり、希望を紡ぐ」というのが、二〇一一年六月二三日に徳水が校長と全教職員に提案した復興教育のスローガンでした。そのもとになった自らの考えを、徳水は「人間復興思想」と呼び、「希望は一人では持てません。人とつながること、そして、人と一緒に小さな問題を一つ一つ解決する中で、足元から見えてくるような気がします。つまり、希望は前方の未来からはやってきません。一人一人が横糸となってつながり、縦糸となって行動を紡いだ結果に、足元から見えてくるような気がします」と述べました[30]。

目の前の子どもに向き合い、直面する困難とどのように格闘して前進するか。教師としての徳水のあり方が問われることになったとき、自己の主体回復と教育実践の構想を重ねて、学校のリーダーとして、上記のようなスローガンで、復興教育を提案していきました。このときの自らを支えた内面の思いを、「大津波体験後に大きな喪失感を抱き、希望を失いながらも自己再生に向けて歩み出したその結果に到達した自己意識は、まさしく西郷会長と文芸研の仲間から学んだ人間観・世界観だったことに改めて気づかされ」たと語っています[31]。西郷会長とは文芸学者・西郷竹彦《さいごうたけひこ》（一九二〇―二〇一七）のことであり、文芸研は西郷を理論的指導者とし、「自己、および自己をとりまく状況を、よりよい方向に変革しようとする主体を育てること[32]」

という教育目的を掲げています。このような変革への志向と主体形成が徳水の教育実践の思想的底流をなしていることは間違いありません。古くからの文芸研の会員である徳水は、被災翌年の二〇一二（平成二四）年八月に行われた文芸研全国大会で「被災地宮城からの報告」として、「地域の復興なくして、学校の再生なし」と題する報告を行っています。徳水は、「文芸研で学び、国語科と総合学習を構築してきた教育実践の経験は私の血となり肉となって、今後は地域と学校復興の思想になっていることに我ながら深い感銘を覚えます」[33]といいます。文芸研のほか、「総合的な学習」に取り組むカリキュラム開発をきっかけに、日本生活教育連盟にも所属しました。こうした学びを踏まえて、徳水は地域教材を生かした総合学習、環境教育などに取り組みました。

徳水の旺盛な探究心が、関心の視野の広がりと実践の深さを生み、「海と川との生態系がつながっている」という松永勝彦《まつながかつひこ》（当時北海道大学教授）の学説、帆立養殖の地元漁師・畠山重篤《はたけやましげあつ》の「森は海の恋人」運動などとの出会いも教育実践に生かしました。これらの教育実践の重要な特質は、地域に生きる「人物」と子どもたちとをつないでいることです。それらは文芸研全国大会などで何度も発表され、成果は著書『文芸研の授業　森・川・海と人をつなぐ環境教育』としてまとめられました[34]。ほかに所属した民間教育研究団体には、新しい絵の会、日本子どもの版画研究会、みやぎ教育文化研究センターなどがあります。徳水の教育実践のなかでも国内外で注目され評価されたのは、子どもたちの共同制作版画「希望の船」でありますが[35]、ここでも教育サークルでの探究と実践の蓄積によって形成された力量が遺憾なく発揮されているのです。

「地域のための学校」

震災後の徳水にとって劇的な転換点はその地域観の変化だといえるでしょう。「地域を失って初めて、私の中に強い地域愛が存在していたことに気づいた」[36]と述懐し、雄勝という地域の自分にとっての意味を再把握しました。それは、「私にとっての雄勝地域は、地域教材の授業づくりを通して、私を一人前の教師として育ててくれた、かけがえのない存在でした。私の記憶の中に蓄積して、自分の一部をかたちづくっていたのです。地域は私の人格の一部だった」と表現されました。「この雄勝地域が消えてなくなることは、耐えがたい苦痛」であり、「私の意識の中で、学校と地域の関係が逆転し始めた」といいます。そうした自らの教育実践も含んで、地域にかかわる教育実践をきびしく問いなおし、「『地域に根ざした学校づくり』が衰退した以後、学校は自らの教育目標（例えば高い学力）の達成のための手段として、地域を〝利用〟してきた」といいます[37]。こうして、徳水は自分のなかに「地域のための学校」という学校観が生まれたというのです[38]。

このような考察を踏まえ、自らの「復興教育」を次のように自己規定しました。

「復興教育」とは、一九七〇年代の「地域に根ざした学校づくり」を継承した教育であり、そして故郷を愛し、故郷の復興に関わる「社会参加の学力」は、人間の復興を通して、日本各地の地域再生を担うべき二〇〇〇年代の地域を担う学力である。[39]

徳水は自らの「復興教育観」について、「『まちづくり協議会』の一員として地域復興に参加する過程で筆者（徳永――引用者注）の意識に生じた直観ですが、後づけで理論化すれば、学問の自由と教育の自由を保障された教師と地域住民の参画によって、国家から教育権を取り戻した、『地域住民主権』による教育観といえるでしょう。来たるべき未来の地域社会を先取りしたイメージである」といいます。[40] この行動原理を支えているのは、強い主権者意識です。徳水のいうところをみておきましょう。

私は住民（国民）主権という概念と住民〈主権者意識〉という感覚は意味内容が違うと理解する。住民（国民）主権とは単なる社会科の知識・概念である。それに対して住民〈主権者意識〉とは当事者に生じてくる肉体感覚であり、意志であり、いのちである。……その（国民主権――引用者注）記憶知は住民運動による〈社会参加〉という行動を介したときに、頭から意志の中に下りてきて、受肉し、そして本物の〈主権者意識〉として肉体化したという感覚を味わった。つまり、知識を生きて働く力に変える契機は、〈社会参加〉であると体得したのである。……実は私が提起した〈復興教育〉とは、住民運動から体得した体験も加味して立案した教育論だったのである。[41]

徳水は、自分の考える変革の主体づくりを、経済学者・岡田《おかだ》知弘《ともひろ》の「地域住民主権」と重ねて考えたと述べていますが、徳水の関心が学校教育の枠内にとどまらず、地域の問題をとおして広い社会的視野を獲得していたということを示しています。[42]

（4）　新自由主義の教育と対抗しそれを乗り越える教師像

人材育成路線と地域収奪に立ち向かう教育と教師のしごと

グローバルな経済競争に適応する人材育成をめざす新自由主義教育の問題点は、東日本大震災によって地域と生活が大きく被災し矛盾が鋭く現出した現場から、その教育実践をとおしてみると一層はっきり浮かびあがってきます。

徳水は自らの「復興教育」について、いくつかの大学の集中講義で論じました。その際、一部の学生から「復興教育」は「子どもを地域に縛りつけ、子どもの可能性を奪う教育だという批判を受けた」といいます。これについて、徳水は、「学生たちの持っている地域観が理解できて、興味深い反応だ」と受け止めています。[43]　おそらくそれは、「狭い故郷から脱出して世界に飛躍することを夢見る」いわば「グローバル人材」としての人生観ともつながっている問題です。このような学生の批判に対して、徳水は、復興教育を受けて育ち、高校三年生になっている教え子たちの姿を示して次のようにいいます。

高校三年生になっていますが、故郷に縛られることなく、むしろ多様な進路を切り開いています。外国に留学したいという子もいます。人の命を助ける看護師になりたいという子もいます。負い目を感じている子は一人もいません。その理由は、故郷と向きあって、存分に復興活動に参加してきたからです。子どもは地域復興に参加することで、リアルに地域を見つめます。様々な職業の大人にも出会います。将来この町で暮らすか暮らさないかも常に考えていて、故郷と折り合いをつけていきます。暮らすとすればどんな仕事があり、どんな仕事がないのか。仕事があるとすれば、自分の能力や適性と一致するかどうかなど、自分との関わりで地域をリアルに見つめることができるわけです。さらに、〈復興教育〉で身近な地域を学ぶことで社会認識が育ち、社会全体に視野が広がっていき、人の役に立つ仕事をしたいという目的意識を明確に持って学んでいきました。したがって、〈復興教育〉は子どもを地域に縛りつける教育ではなくて、むしろ子どもの可能性を広げる教育だと確信しています。◆[44]

ここには、学生の批判に対する回答にとどまらず、新自由主義教育に対抗する今日の「地域に根ざす」教育の姿が明快に述べられています。

「子どもをつかみ、地域に根ざす教育実践」を生みだす教職意識の特質

徳水の教育実践を検討して考えることは、「子どもをつかみ、地域に根ざす教育実践」が、新自由主義教育に対抗する教育実践として位置づけられることの意味です。東日本大震災をはじめとする大災害や新型コロナパンデミックは、福祉や公共性を収奪してきた新自由主義の結末の悲惨さを浮き彫りにしました。そこに見るべきなのは問題の普遍性であり、その構造です。新自由主義は生活と地域に大きな被害をもたらしてなお進行しています。それだけに、新自由主義の教育を乗り越える教育実践が、子ども理解や子どもの生きる地域を深くつかむのは必然的要請です。そしてそれは別々のことではありません。「社会状況と結びついている子どもの生活からの理解を考えるということです。個別の子どもの内面にも、生活と社会状況は複雑に刻印されている」◆[45]という認識が必要なのであり、それは日本の教育実践のなかで、生活教育や生活綴方の教育実践を中心に豊かに蓄積されてきたものでもあります。

岡田知弘が述べている徳水実践への評価も、それを考える手がかりになります。

被災した小学六年生が、美しい海と山、雄勝硯《おがつすずり》など地域の「宝物」を再発見し、独自

に復興プランをつくって、行政の復興計画づくりに参画していくことは、被災者としての主体形成という面から、子ども含めた「人間性」の高まりとしての「人間の復興」であり、「地域住民主権」の発揮であるといえます。……人間としての生存の危機を体験した被災地だからこそ、圧倒的に厳しい状況の下で「人間の復興」が光を放っているといえます。ここに、「人間の復興」の理念と地域住民主権に基づいた被災者の暮らしと被災地域社会再建の可能性と展望だけでなく、人間らしい暮らしや仕事、さらにそれを支える地域社会を喪失しつつある日本列島全体の再生方向への示唆を、見出《みいだ》すことができるでしょう。◆46

出版された徳水の著書の帯に掲げられた、「石巻発の〝復興教育〟。被災地から、この国の未来へ◆47」という言葉が、その教育実践の意味を端的に示しています。

徳水の教育実践全体を検討して、そこに貫かれているのは、被災地に根ざして生きる教師としての生き方と思想であり、「深い子ども理解と社会認識、生活者としての社会連帯性」だと考えます。もちろんそれは、本章に登場した教師たちに共通している特質であり、支配的な風潮に順応するのではなく、政策動向や社会状況を批判的に吟味し、対抗構想を描ける教師としての自律性と批判的な社会認識です。そこから育まれる教職意識が、今日において、子どもを生活主体・学習主体としてとらえ、その全面的な発達を保障し、社会的連帯のなかで固有の人生を生きる権利主体に育てる実践を創造します。それが新自由主義を超克する教師たちによって担われているのはいわば当然のことであり個別の地域や特別な事態を貫いて普遍性を持っているのです。

戦後八〇年を経たいま、グローバル資本の厳しい国際競争のなかで格差と貧困が進み、繰り返される災害被害のなかでは、そしてまた、新型コロナ感染症の広がりも経て、その矛盾は過酷な現実としてあらわれてきています。このような現実と立ち向かい、子どもたちを「平和で民主的な国家及び社会の形成者」（「教育基本法」第一条）としての主体に育てようとする教育実践は確かに存在します。それは「地域住民主権」の担い手としての子ども像を描いてリアリティをもちます。そうした教育実践を生み出す「子ども理解」を深めることが求められます。このことについて、私はかつて以下のように書いたことがあります。

> 子どもの生活の把握と内面への理解について考えるとき、子どものどのような事実を視野に入れることが必要なのだろうか。ともすれば、「子どもの背景にある生活」などといって了解しがちであるが、その子の生活感情や論理をつくりだしてきた生活と、そのなかでいま生きている姿をつかむという二つのことを意識し……その子の生活総体の把握と、そのなかにおける生活主体としてのその子の活動展開の両方をつかむことである。そして、生活世界におけるその子の主体的なかかわりに着目して、内面のドラマを想像するということである。◆[48]

このことは、「社会的存在としての子どもの発達援助を考える」という、現代の教師に求められる総合的な専門性のありようも示しており、徳水のいう「ケア的教育実践」ともつながるのです。

それは、「二〇〇九年型教職観」を超えて、「社会の改造と人間の成長は同じ事実の二つの面」という勝田守一の、「教育を社会改造の手段とするというのは、必ずしも教育を他の目的のために使うことを意味するわけではない。……個人の成長を妨げる条件が社会にある場合には、社会の改造と人間の成長とは、同じ事実の二つの面である。そして、私たちの社会はまさにそうした社会である。幸福の追求を折りまげているさまざまな条件を自分たちの力で取りのぞいて行く経験が成長の条件になるとすれば、ここに私たちは、現実と教育が結び合う点を再び確認する」◆49という言葉を今日によみがえらせるものです。

第5章第3節の注

◆1 福井雅英『本郷地域教育計画の研究――戦後改革期における教育課程編成と教師』（学文社、二〇〇五年）、一一頁。

◆2 同書、一〇三頁。

◆3 大田堯「地域の教育計画」『岩波講座　教育』4、（岩波書店、一九五二年）、二一七頁。

◆4 佐貫浩・世取山洋介編『新自由主義教育改革――その理論・実態と対抗軸』（大月書店、

二〇〇八年）、三一九頁。第2節も参照されたい。
◆5　徳水博志『震災と向き合う子どもたち――心のケアと地域づくりの記録』（新日本出版社、二〇一八年）、一二頁。なお、これ以外にも東日本大震災後、その被害状況に向き合うなかで生みだされた教育実践記録には以下のようなものがある。
中学校の実践では、制野俊弘（宮城県東松島市立鳴瀬未来中学校）『命と向きあう教室』（ポプラ社、二〇一六年）。小学校の実践では、白木次男（福島県原町第一小学校）『それでも私たちは教師だ――子どもたちと共に希望を紡ぐ　ドキュメント津波と原発災害の地、福島で』（本の泉社、二〇一二年）。
◆6　徳水博志「緊急報告　地域の復興なくして、学校の再生なし――人とつながり　希望を紡ぐ」『文芸教育』九五号、二〇一一年、一〇八頁。
◆7　前掲◆5、二〇頁。
◆8　同前、一〇八頁。
◆9　石山雄貴「被災地における環境教育と教師の役割」日本環境教育学会編『環境教育』VOL.26－1、二〇一六年、三～一四頁。
◆10　前掲◆5。二〇一八年二月一五日初版。
◆11　同前、一二頁。
◆12　同前、二三頁。
◆13　同前、一一一～一一二頁。

◆14　前掲◆6、三〇頁。
◆15　同前、三〇〜三一頁。
◆16　同前、三〇〜三一頁。
◆17　前掲◆5、三三頁。
◆18　徳水博志「被災を受けとめ前を向く力を――自らの回復体験から生まれた〈復興教育〉」『教育』(二〇一七年三月号、かもがわ出版)、一四頁。
◆19　前掲◆5、一一三頁。
◆20　同前、一一四頁。
◆21　岡田知弘「震災からの復興と地域再生の課題――惨事便乗型復興から『人間の復興へ』」教育科学研究会編『地域・労働・貧困と教育』(かもがわ出版、二〇一三年)、三一頁。
◆22　ナオミ・クライン、幾島幸子・村上由見子訳『ショック・ドクトリン』(岩波書店、二〇一一年)、六頁。
◆23　前掲◆21、三八頁。
◆24　岡田知弘「震災からの地域再生と復興事業の課題」『学術の動向』二〇一三年一〇月号、(公益財団法人日本学術協力財団)、一一頁。
◆25　岡田知弘「『創造的復興』論の批判的検討」『現代思想』(二〇一二年三月号、青土社)、一四七〜一五一頁。
◆26　前掲◆5、一一六頁。

◆27　同前、一一六頁。
◆28　同前、一一六頁。
◆29　同前、一一七頁。
◆30　前掲◆6、一一〇頁。
◆31　同前、一一〇頁。
◆32　文芸教育研究協議会ホームページ www.bungeiken.com
◆33　前掲◆6、一一〇頁。
◆34　徳水博志『文芸研の授業　森・川・海と人をつなぐ環境教育』西郷竹彦監修、（明治図書、二〇〇四年）。
◆35　前掲◆5、一四九～一六三頁。
◆36　同前、一七四頁。
◆37　同前、一七五頁。
◆38　同前、一七五頁。
◆39　同前、一七六頁。
◆40　徳水博志「地域復興に貢献する学校をつくる」『教育』（二〇一二年一一月号、かもがわ出版）、七一頁。
◆41　徳水博志「地域と連携し〈社会参加の学力〉を育てる」『歴史地理教育』（二〇一六年三月号）、歴史教育者協議会、七四～七五頁。

◆42　前掲◆5、二一〇頁。
◆43　同前、一八四頁。
◆44　同前、一八四〜一八五頁。
◆45　福井雅英『子ども理解のカンファレンス——育ちを支える現場の臨床教育学』（かもがわ出版、二〇〇九年）、一九三頁。
◆46　前掲◆21、四九〜五〇頁。
◆47　前掲◆5、同書表紙帯。
◆48　前掲◆45、二一五〜二一六頁。
◆49　勝田守一「教育における人間像の条件について」『思想』一九五一年四月号、（岩波書店）、三〇頁。

第6章　子どもと教師が育ち合う学校づくり

——臨床教育学からのアプローチ

1 子どもと心通わせる教師

(1) 教師の専門性をめぐる議論について――問題を考える視座

学校教師の専門性を端的に言うとき、ほとんどの場合「教えるプロ」というようなイメージがあります。それも、「どう教えるか」に問題が収斂《しゅうれん》されていくことが多いのです。本来、「その子の成長や発達のために」というのが大前提のはずですが、「テストのために」と子どもも教師も感じてしまうような実態があります。そして、このような枠組みで授業技術や生徒指導の手法を追求するなかでは、教師としての喜びや生きがいは感じにくくなります。教師の本源的な喜びは、子どもとの深い触れ合いの中で、子どもと心が通うと感じられるところにあるのです。

ここでは、教師の専門性を、①目の前の特定の子どもと子ども集団の成長・発達を考える教育実践の構想力、②子どもと接する場面での応答の的確性、③それらのベースになる子ども理解の深化、④実践事例研究を通した自己省察を中心とした教師の成長、という角度から考えてみたいと思います。教職にある喜びや教師としての生きがいを開発する努力を続けている教師とその実践を取り上げて考察し、そのような専門性形成を図り教師が共同連帯性を回復する上での子ども理解のカンファレンスの意義について論じます。

教師の仕事の原点をどこに置くか、それを論じる視座として、戦後教育の出発点の議論を紹介します。

一九五一年、『魂あいふれて――二十四人の教師の記録』という教育本が出版されました。生活綴方《つづりかた》の実践家でもあった後藤彦十郎が、全国の実践家二十四人の実践記録を集め編集したものです。同書に解説を書いた宗像誠也《むなかたせいや》は、「二十四篇《へん》の記録を読んで、私はきらめく星座を想《おも》い浮かべた。……星座の軌道に強烈なヒューマニズムを感じる……そしてこの星たちの光の強さは、教師としての良心の強さであるということもできるのではあるまいか」とその印象を書いています。そして、その「共通な基調」を次のように解説しました。「これらの人たちはあくまで子どもと密着しようとし、また実際密着していることである。彼等《かれら》は子どもの心を開こうとする。綴方が尊重されるのもそのためだ。彼等は子どもの生活を少しでも幸福にしようとして、自分にできるすべてのことをする。そして彼等は結局は子ども自身の心に火をともし、その光で、子どもが独りで道を照らして進めるようにしようとするのである。[◆1]」

この年には戦後教育の金字塔と言われた無着成恭《むちゃくせいきょう》編『山びこ学校』も出版されました。戦争の反省を踏まえて、戦後の新しい教育を打ち立てようとする大きなうねりが高まった時代です。宗像は、子どもと密着し、子どもの心を開き、その生活を少しでも幸福にしようとしている教師の仕事は、子ども自身が道を照らす火を子どもの心に灯《とも》そうとしているのだと説きました。これらの内容を、今日の子どもと教育の諸困難を考える際にも、どうしてもふり返っておきたいと考えたのです。

現代的な困難として、「子どもとの深い触れ合い」それ自体が、教師の専門性の発揮によって可能になるという課題があります。そうした課題に向き合いながら、多くの教師は子どもとの関係の中でその応答を通じて、教師としての自分と実践を支えるエネルギーを得ています。制度化された計画研修のすべてを否定するわけではありませんが、教師の力量形成にとってより重要だと思われるのは、子どもへの慈愛を核として、その成長・発達を支えるための力量形成を追求する内発的な意欲の喚起です。それは教師の専門性が教師としての自律性と結びつくものだからです。

(2) 「子どもになめられてはダメ」と言われて

多くの新任教師が現場で出会う言葉の一つに、「子どもになめられてはダメだ」というものがあります。それを口にした先輩は、教師という仕事が、ある種の権威なしではできない仕事だということを感じているのです。そして、「教師としての権威」を自分のものにすることが簡単でないこともわかっているでしょう。だからこそ、簡便な言い方で「なめられるな」などと言ってしまうのではないでしょうか。そのすべてが威圧的な対応を意味しているわけではないでしょうが、経験の浅い教師にとってみると、そこからは威圧的・権威主義的対応しかイメージできません。そうなると、子どもとの関係がうまくいかず、自分自身さえ縛ってしまって、本来生かすべき持ち味や良さも発揮できないという悪循環に陥るように思われます。

いま、「子どもになめられてはダメ」という言葉が受け入れられる根拠をとらえ直すとどのようなことが考えられるでしょうか。この言葉には、困難な条件の中で、一人で多人数の子どもを授業に向かわせなければならない、その難しさで苦労する教師の実感が込められています。それだけに、切実に響く言葉として新任教師の印象に残るでしょう。聞く側の若い教師の多くは、自分の感覚以上に肩肘張って、声のトーンも声量もオーバーな対応をつくりだしているのではないでしょうか。子どもと距離を置いて、ある高みから子どもを統制しようとすることになっているのではないかという懸念を持ちます。

このような威圧的な権威でなく、子どもの内側から親愛な敬意が自然に湧いてくるような信頼の関係をこそ育てたいのです。それには、知識伝達者としての教師像につきまとう権威主義的な雰囲気を自覚し、その子の人間的成長発達を総合的にコーディネートする、発達援助者としての教育者像を自分のものにしなくてはなりません。

子どもに寄り添う実践を追求している二人の教師の仕事を紹介しながら考えてみましょう。

(3) 教師の権威性を脱ぎ捨てる

まず一つは、本田清春「子どもたちの声を聴くことから自己表現へ――『金太郎』『金次郎』物語――[◆2]」です。本田は、「私が毎日発行する学級通信・一枚文集に登場して、子どもの作品に共感し、時に担任である私の実践を叱ってくれる」存在として、架空の人物である金太郎と金次郎を生み出しました。本田は、「この二人は私の教室の一員である。しかし、子どもでも大人でもない。教室の子どもたちをいつも温かく見守っている『人物』である。彼は子どもたちの心に寄り添い、悩みを聞き、励ましてくれる優しい存在である」と説明しています。

□ユーモアのある教室へと誘う「金次郎」

校長先生　　まき

わたしは、ほうきでわたりろうかをはきながら、ルルとしゃべっていた。ルルは、手すりにすわって何にもせず、私としゃべっていた。一年生のくつばこに目がいった。校長先生がきた。

「ルル校長先生やで。」と言った。そしたらルルは何もいわずにささっとほうきではいた。二人ではいていたら校長先生がルルのほうに近づいてきて、「ていねいにやってるなあ……」って言われた。そしたら、ルルと目が合ったから、私はにこっと笑った。その後、口パクで、（よかったな。）と言った。その時、（校長先生、おなかおおきいなあ……）と思った。

【金次郎】お前たちがそうじをサボっているのは、本田はみておらんがワシはしっかり見ておったぞ。しかし、それでも校長先生にほめられるのはうれしいものだなあ。そしてみごとに校長先生のうらをかいたな。ありのままを書いたところをワシはほめておくぞ。堂々とさぼったことを書けるところは、さすがじゃな。

＊「校長先生、今日は先生が登場していますよ」と手渡すと、ニコニコしながら読んでくれていた。新しく替わってきた校長先生も「金次郎」の熱心な読者になってくれている。この作品をどう読むのか、子どもは学校生活の一こまをユーモアととらえて書いてきている。担任の立場では、それはわかるが……、掃除をサボっておまけに校長先生をだしぬくとは……と悩まされる。しかし、金次郎は明快だ。彼は慈母観音のごとく子どもの思いにぴったり寄り添い、慈愛に満ちた言葉を贈る。常に子ども目線で物語る。子どもは金次郎に励まされて、自分の内面を事実と向き合わせて書く。まきはこの言葉をうけて自由になる。

担任として子どもへの共感がストレートには表現しにくい場面でも、「金次郎」なら抵抗がありません。本田の子ども観・教育観そのものを本田にかわって展開する存在なのです。兄の金太郎が担任本田を叱る場面は次のようなものです。

□担任を叱る「金太郎」

【金太郎】子どもの日記じゃが、二カ月経って成長してきておるかな。

【本田】成長してきたと思います。ずいぶん長い文章が書けるようになってきました。

【金太郎】なに！　長い文章が書けるようになったと？　それを成長と？　長い文章が書けることは、確かに成長じゃ。じゃが、それが目標では、お前の教育に対するこころざしが低いといわにゃならん。いいか、子どもの作品をよく見ることじゃ。わしが一番成長していると思うのは、素直な文章が書けるようになったところじゃ。お前のヘタな指導でも、子どもたちはずいぶん素直な文章を書いている。自分の目と心でつかみとったありのままを素直な文章で表現できるようにすることを目標におくことじゃ。

【本田】素直な文章が書けるようにすることが、そんなに大事なのですか？

【金太郎】そうじゃ。人間として一人前になることを援助するのが教育じゃ。一人前になるとは、しっかりとした意思と深い教養を持った人間に育てることじゃろ。ありのままを文章で表現できる力を育てることは、自分が常にいて、自分の意思でものごとをみつめ、つかみ、判断することができる人間に育てるということにつながる。（略）

＊子どもにとって難解なお話である。だが子どもたちは「金太郎が本田先生を叱っている」「素直に書くことが一番大事、それは自分の見たことを自分の感じたまま書くことだ」というメッセージを受け取る。

「教育改革」や「学力向上」が喧伝《けんでん》される中で学校の多忙化も進み、子どもとじっくり向き合う時間が奪われる現実がありました。その中で、実践家として知られた本田でさえ、「子どもの変化に対応できず、制度的な権威性に依拠している自分を見出《みいだ》すこともあった。そして、子どもとの関係が崩れる危機を経験し、教師を続けることの苦悩、焦りと不安を抱く期間を過ごしてきた」というのです。しかし、本田は、そうした教師としての苦悩を「制度的な権威性に依拠」して打開する道を拒否しました。そして、これを「潜《くぐ》り抜けたい」という模索のなかから、「自分の学級通信に、私の実践上の弱点に注意を向ける『人物』を立てることで、教師の権威性を脱ぎ捨て、子どもが安心して教師に話しかけられる関係性を築くこと」を意図の一つとして「金太郎」「金次郎」を生み出したのです。本田はそのもう一つの意図を、「子どもの自己表現を通して、互いを深く認め合う人間認識を育てる『私の教材』の作成を構想した」ものだとも述べています。

実践をもう一つ紹介します。滋賀県の小学校教師である早川守の、「教室に安心と自分を表現できる自由を」◆3です。そこにはいまを生きる子どもたちの不安を深くとらえ、それに共感しながら生活を綴《つづ》らせる実践を展開している早川の、教師として生きる喜びが感じられます。早川の実践を紹介しながら教師の仕事の意味を把握し、そこから生まれる誇りの質といったものを考えてみたいと思います。

バカ　　ひろと

前の家でくらしている時のことだった。ある日、母が友達の所へ遊びにいった。そのいった時間はもうよいこのおねんねの時間だ。母はあそびにいったので、男三人だった。父はおもいっきりよっぱらっていたので、こわい。ぼくらはひまでテレビを見てたそのときだった。父は、きれて、きれて、きれまくっていたから、わけも分からず、せん風きを思いきりけとばした。ぼくは、びっくりして、見なかったふりをした。父はバカだ。仕事のじゅけんもうかっていない、ただのバカだ。

＊四年生のひろと君の父親は、子どものために生活科で使う道具を作ってきてくれるやさしい保護者でした。その父親が失業し、家庭内暴力を起こすようになり、二年生の時に離婚しました。普段は明るく元気に暮らしていますが、心の奥には、当時の不安な気持ちが残っているようです。（中略）競争や市場原理がはびこるこの社会の中で、どの子も心の奥で深く傷ついているという現実は、私たちの目の前に確実に広がっています。私たちの教職員も多忙と管理の中で、心身とも疲れ切り、深く傷ついています。子どもとうまくい

かなかったり保護者の批判に耐えられない。そんなしんどい時に、管理職だけでなく、同僚から指導力を問われるなど、様々な理由で、休職、退職をしていく教職員の話を聞くのも珍しくなくなりました。そこまでいかなくても、私自身、月曜日の朝、疲れが取れず学校へ向かう日も少なくありません。

早川はベテランの域に達する教師で、自身も困難と苦悩を経験してきた実践家です。彼の基本的な立脚点は「同じ貧困の中にいる子どもたちと私たち、本来ならお互い共感し合う関係になるべきなのです」と書いているところにもよくあらわれています。このひろと君に対しても、子どもがこのように書かねばならなかった切なさを深く理解しているのでしょう。このように、現代に生きる民衆派教師の立場に立とうとしても、「子どもたちを無闇に追い込んだり些細《ささい》なことで叱責してしまったりして、反省する日々」だというのです。しかし、綴方《つづりかた》教師の彼は、「どのような方法であれ、自分の思いをありのまま綴ってくれると、何となくうれしいものです。子どもたちとつながり、共通の思いを感じ合えるからです。そこに、今を生きる子どもたちと私たちにとって、可能性があるように思う」と書いています。このように考えて、彼は次のように考察を進めています。

綴り方を続けているのは、子どもたちのこのありのままに出会えることが、大きいからです。ありのままに自分の思いを綴る。簡単そうに見えて、これほど難しいことはないかもしれません。現代の子どもたちは、抑圧された生活の中で、自分を出さないことで自分を守っているからです。自然の中や体を通しての体験の乏しさから、自分を語る豊かな言葉を自分のものとしていないことや、仲間と本気でぶつかり合った体験の少なさもその理由かもしれません。

彼は、「子どもたちには、ありのままに自分の気持ちを綴ることで、自分や友だち、家族のことがもっと見えてきて、それを深めることが大事な学習であると繰り返し語りました」と実践の意味を解説しています。

早川は、学習指導要領の枠組みや教科書内容に閉じ込められない、テストのためでもない、もっと切実な学びの意義を説いているわけですが、その言葉にリアリティと重みがあるのは、今という時代の生活や社会についての彼の認識が深いからでしょう。早川は、日々の仕事として学級通信や文集を発行し続け、その地道な努力を喜びともしているのです。彼自身の表現で見てみましょう。

一年間、ほぼ毎日、学級通信で子どもたちの詩や作文を読み続け、自分の生活を綴り、ありのままの気持ちを綴り、それを文集で交流してきました。本音でつながることで、子どもも教師も、安心する。そのことが、子どもが自分を解放し、教師自身も解放してくれる。そんな思いを確かにしてきました。また、この一枚文集を通して、保護者の子どもへの理解も深まり、職場の先生たちも、作文・日記に興味をもってもらえるなど、そのつながりは広がっていきつつあると実感しています。

本田も早川も、自分の実践を内省的にとらえ直し、深い文脈で仕事を意味づけ、社会的意義を確認しているのです。そこからは実践の創造的な追求をこそ誇りとしているように感じられます。これらの実践は目の前の子どもに寄り添いながら、子どもの今だけを問題にするのではなく、子どもの過去も現在も未来も貫いて、その子の「よりよき生」を求めている実践です。

過去のよりよき生を今求めるとはどういうことか、現在の困難を生きる子どもの多くに、その子がこれまでの生活の中で負ってきた傷が気になるのです。だから、その子が自分の過去と向き合いながらその傷を癒し恢復《かいふく》していくことが必要でしょう。これまで言えなかった辛さを言えるようになる現在の関係を作るというような実践によって、「過去をよりよく生き直す」ことができます。そしてそれがその子の未来をひらく力になるのです。

深い子ども理解をベースに、「子どものよりよき生」を求めて実践を探究する二人の創造的な実践構想力に教師の専門性の真骨頂を見るのです。

(4) 子ども理解・子ども研究を創造的実践の根拠に

教師は、自分という人間を使って、独立した他の人格である子どもに働きかける仕事です。働きかけは一方通行のものではありません。働きかけた子どもの何らかの反応(無視も含めて)によって働き返されるのであり、双方向性を持つ人格代謝労働です。それだけに、子どもとの関係を含む実践への批判によって、教師としての自分が大きな打撃を受ける場合があります。「スキル」が足りないという批判なら、その「弱い部分」を強化すればよいということになります。それはまだ根底的打撃にはなりません。だが、教師は子どもとの応答の中で、「喜びと希望」、「安心と生きがい」を確認し、それを発掘し続けることによって成り立つ仕事だけに、そこがもつれると自分の拠《よ》って立つ地盤を揺るがされて打撃は大きくなるのです。間断なく連続する子ども・子ども集団の事実に対応し続けなければなりません。確かに、実践の中に身を置いてこそ事象の多義性と同時に問題の特定性を理解できるのですが、そのような事象対応型の仕事ゆえに、事象に規定されるし、個別性からくる孤立や独善に傾く危険さえはらんでいます。そうなると、そのような危険を避けるという点でも専門職としての共同性が重視されなければなりません。本田や早川が、自分の発行する通信や文集を職場の同僚たちにも配布していることの意義はこの点からも指摘できます。このようにして、自分の実践を対象化し、目の前の子ども研究を踏まえて創造的に実践を展開する現場研究者としての教師は、日常的に共同する同僚との間で、仕事の意味を確かめ合えることが重要です。これが、教師の誇りを深め確信していく道筋とも重なると思います。持続的共同熟成型の教師成長モデルを考えるゆえんです。

紹介した二人の実践は、「制度の中の教師」に囲い込まれることから脱して、子どもの人間的成長を喜び合う教師として成長していこうとする姿です。子どもの成長・発達を援助しているという実感と、そのために実践を構想し創造的に展開する喜びを大事にし、同僚と共有しようと努力する姿があります。

子どもの作品や言動への対応のレベルでもその力量は遺憾なく発揮されていることがうかがえます。実は構想した実践が、子どもと接する場面でどのような対応として具体化されるか、という点に専門性は鋭く表れます。むしろ、そのレベルでの専門性こそが直接子どもに響く勝負の場だと教師自身も感じているのです。このような、子どもと接する場面でのとっさの対応は、その教師の身体化された臨床知であると考えられます。

2　発達援助専門職としての教師

(1)　子ども理解の深化と教師の専門性の開発

二〇〇七年一一月一二日の日曜日に、大阪と埼玉の中学生、北九州の小学校校長と、全国で子どもと大人の自殺が相次ぎました。一四日付け京都新聞の一面コラム〝凡語〟は、「『日本社会が底から壊れかけている不安』といえば大げさだろうか」と書きました。いじめ自殺、いじめの虚偽報告、未履修問題、タウンミーティングでのやらせ質問など、教育に関わるニュースが続々と報道される中で、凡語は、「子どもを自殺に追い込むような国に未来はなかろう」と警鐘を鳴らし、「現場教職員の受ける重圧は増している」ことを指摘し、「教育基本法改正を議論する前に、やるべきことがある」と論じていました。この文章を共感しながら読みつつ、子どもの自殺の連鎖が止まらないという問題の重さを痛切に感じたのです。

直面しているいじめ問題への対応では、いじめられている子どもの状況をつかみ、その子へのケアを機敏に行いつつ、一人ひとりがかけがえのない存在であることと、それを脅《おびや》かすいじめの意味を、いじめている子も含むすべての子どもの心に届く言葉で語り、考えることを援助しなければなりません。機敏にして丁寧な取り組みで解決が迫られる、教師と教師集団の総合力が試されるような問題です。学校や教師が市場原理と同じような人事評価にさらされるなかでは、子どもに寄り添って問題を探究しつつ解決を目ざすような実践の条件は厳しいのです。いま、学校・教師が子どもを深く理解し、教育の専門家としてどのように考えるべきなのか、を社会に対して発言していくことが必要です。ここでは、教師の専門性のベースに子どもの発達についての今日的な考察が据えられるべきであるということについて述べます。つまり「質の高い教師」と言うときに、その「子ども理解の質」が深くなければならないと思うのです。「子ども理解の質」に規定される教師の質を考えたいのです。

(2)　子どもの困難の把握と「発達援助」概念の有効性

教師の目で見て、指導が難しいと感じる子どもは、子どもの内側に何らかの問題を抱えています。その子自身が自分らしく成長していく上での成長のもつれや躓《つまず》きだということもできます。社会的な競争圧力が過剰な現代日本社会において、子どもの内側の問題を丁寧にみて、ゆったりと関わることが親も教師も困難になっています。すぐに目に見える変化や成果を求める傾向が強くなっているのです。

子どもの不登校の状況とそれへの対応を見てもよく分かります。「よい子の息切れ」や「自己防衛としての学校回避」などと説明されてなるほどと感じるような状況があります。不登校の背後にいじめ問題がある場合も多いのです。いじめられている子への手厚いケアを考えながら、いじめる側の子への指導を進めるのですが、この指導の困難が大きな問題になります。「いじめは人権侵害であり許されない」というような説諭だけでは、いじめる側の子どもに言葉が届かないのです。実はそうした子どもは内面に大きなストレスを抱えていることが多く、そのストレスや攻撃的な感情への理解をベースに心の通う指導をつくり出すという課題があります。それゆえに、子どもの生活や感情を今日の社会状況をふまえてとらえ直し、子どもの抱える問題をその子の内側から理解する努力が求められます。そして、これまで当然視してきた子どもへの要求や願いを、改めて吟味する大人の懐の深さが必要になっているように思います。

教師にとって、子どもの発達的・教育的ニーズを深くとらえるというのは教師でいる限り永続的な課題です。しかし、こうした課題を意識し続ける教師こそ成長するのです。目の前の特定の子どもの発達的・教育的ニーズを深くとらえるにはどうすればよいか。これはなかなか難しい問いであり、一般的で明確な正解はありません。教科学習の中のある教材において、その子がどこで躓いているかをつかむことは多くの教師がやっている努力です。これは可視化して把握することも可能です。しかし、ある子どもの攻撃性が強いとか、教師の指示が聞けない、授業の規律に従えないというふうに表れる問題は、たいていの場合、そのような子どもの言動を生み出す要因は複雑で原因を一つに特定できません。複雑で重層的な問題状況をそのままみて、子どもの問題に接近するような方法が求められます。しかし、すぐに事象に対応することを迫られる現場では、直接的な解決のヒントを心理的なアプローチに求める傾向が強いように感じられます。もちろん、心理学の知見の有用性はあるわけですが、現場教師の子ども理解はそこに留《とど》まっていることはできません。それは子どもの内面の苦悩や葛藤の生起する生活上の根拠をもつかんで、子ども自身がそれを越えていけるように発達を援助するというのが教師の仕事だからです。学校と教師の仕事の特質は、子どもの成長と発達を願って知的な世界を開き、人格形成を助けるのです。そのような教育実践は、学校という社会の中で、授業を中心に、日常的、集団的に子どもに働きかけることになります。そして、その教育実践と子ども理解は循環性を持ちます。教育実践として子どもに働きかけ、子どもと応答しつつ子ども理解を深め、働きかけの質を高めるのです。それだけに、子どもの日常の生活への深い理解は欠くことのできない問題であり、その日その時を生きる子どもの姿をみて、その発達的・教育的ニーズを考えるのです。そのためには、その子どもたちの生きる姿と生活への教師の共感こそがポイントになります。

社会に支配的な教師像を対象化して考え、その中における教師としての自分をふり返ることは重要な課題です。しかし、現実は毎日忙しい。よほど意識して立ち止まらなければ、現状を追認するままの時間が過ぎます。一般に、「教師」という言葉で社会的に浮かび上がるイメージはどのようなものでしょうか。そこには日本社会において歴史的に形成された特質も刻印されているでしょう。現実の学校と教育への今日的な願いも反映します。そうした教師像を問い返しつつ、絶えず再構成できる力を身につけたいというのも、中学校教師だったころの現場で模索したことでした。目の前の子どもの目線で、自分という教師がどう映っているかを意識する。それは、固有名を持ったその子の教育的ニーズに応える教師であるかどうかを自己吟味するということでなければなりません。そこにあるのは、教えるべき内容がはっきりしていて、それをうまく理解させるというようなTeacher（先生）像ではありません。また、今日の競争社会に適合的な「よい子」像がまずあるのではなく、何よりも、いまそこに生きている子どもの現実から出発するのです。それは、成長・発達の主体がその子自身であり、その子の中の矛盾を発達のエネルギーに転化していくということを教師の仕事の核心と考えるということです。そう考えるとき、〝発達援助〟という概念は重要な意味を持ちます。それは〝子どもが発達主体なのだ〟という観点を強調することになるからであり、また、そのことによって、権威主義的教師像の枠組みをかえることができると思うからです。もちろん、〝発達援助〟は教職にとどまらない広い概念です。それを押さえた上で、学校の果たす役割、教師の仕事の特質が考えられるとよいと思います。その際、忘れてはならないのは、教師の仕事の多くが学校内の集団のなかで追求されるものだということです。取り替えのきかない特定の子どもということを強調すると、イメージされるのは一人の子どもとの個別の対応です。しかし、学校は子どもと教師が集団で学び生活する社会です。そこに発達援助の観点を重視することで、子どもと子ども集団、教師と教職員集団など集団性を視野に入れた学校社会での実践を見直していきたいのです。

(3) 発達援助の質を規定する「子ども理解」

教育実践は教師が子どもに働きかけ、子どもとの応答の中で展開するものです。そうだとすれば、教師がその子ども・子ども集団をどのように理解しているかがまず問題になります。さらに働きかける内容も方法も、何らかの子どもへの理解を前提に選択されているのです。元来、教師の子ども理解は静止的な理解ではありません。働きかけ、応答しながら深まるというような理解です。また、教師の働きかけ（教育実践）は、その子の成長発達をめざして行われるものである以上、その子の成長・発達の姿をイメージしています。それゆえ、実践の構想は、本来、その子の発達的・教育的ニーズを理解し、把握しなければたてることはできないものであり、教育実践は子ども理解に始まり、子ども理解を節にしながら展開し深まっていきます。子ども理解と、教育構想（計画）、教育実践は切り離せない連続的循環と深化・発展の構造を持っているのです。

中学教師時代、特定の子どもの言動がどのような判断や感情の動きによって選び取られたかを考えたいと思っていました。毎日のように起きる「事件」のなかで、一般論は通用しません。一回限りの特定の局面で教師がどう対応するかが試され続けました。対応によっては、子どもの興奮は高まり、暴力が拡大してしまうことになります。緊迫した状況のなかでの教師の瞬間的な判断と対応が問題になったのです。当初、その子の繰り返される暴力事件の一つ一つについて、その原因を明らかにしようと追求しました。しかし、浮かび上がるのは、暴力に至る「口実」とか「きっかけ」と見えるものでした。同僚は「あいつが、いくら叱られても同じことを繰り返す理由が分からない」と語っていました。私が行き着いた理解は、「殴りたいから殴っている」ということでした。どう考えてもそれしかない。そうなると、問題のポイントは、「その子が〝人を殴りたくなる〟という攻撃的な生活感情に取り憑《つ》かれているのはなぜか」、ということです。それには、彼の生活感情の生まれる現場で考えるほかありません。彼の生活世界をとらえようと家庭訪問を繰り返し、カンファレンスのなかで、彼が生きる風景をさまざまに描き出してみる努力を続けました。幼児期からの親の暴力、起伏の激しい感情の揺れを持つ大人の中での生活、毎日の食事の準備も不十分な養育放棄とも見える現状、ゆったりと依存できる安心感が持てない状況、彼の家族が地域で孤立的である問題などが見えてきました。こうした理解を踏まえて、思春期を生きる子どもの人権保障・発達保障という視点を据えてみると、子どもへの援助の質が変わってきます。それは福祉的な援助を必要としている場合が多かったのです。こうした努力を通して生み出されたその子への共感は、教師のその子への働きかけの自然な変化をつくり出します。その子に声をかける際の表情や声のトーンというような微妙な問題なのですが、困難を抱えた子どもはそうしたことに気づく敏感さも持っていました。それは、彼らの生活の中で身につけ、研ぎ澄まされてきたものです。教師がふくらみのある対応を続け、子ども同士のかかわりを太くする努力を重ねるなかで、子どものとげとげしい険悪さは徐々に消えました。生活世界を問題にしたときも、その外的条件としての生活状況の把握にとどまらず、彼自身がどのように主体的にその生活にかかわってきたかを意識的に問題にしました。生活状況を把握するのは、存在が意識を規定するということからいえば至極当然のことですが、彼の関心のありようと複雑な生活感情への理解、その時々の子どもの気分・感情や雰囲気までもイメージできるようになりたいという願いからの努力でした。こうした努力が当該の子どもとの人間的な感情の交流を厚くし、教師の指導への信頼を形成していったのだと思います。

子どもの生活の把握と内面への理解はひと続きのものと考えます。私はかつて勤務した中学校で、先輩から「家庭訪問の量は指導の質を変える」という言葉を教えられました。私もこのような言葉に励まされて深夜に及ぶ家庭訪問をくり返してきました。そのような家庭訪問では、子どもの生活世界に分け入り、生活の現場からその子を理解しようとします。そして、子どものくらしの実相をつかむことを通して、教師の社会認識もひろがり深まります。さらに、そのような教師の社会認識はより深い子ども理解へと教師を導きます。貧困と格差の広がる社会のなかで、生活不安を抱えて暮らす子どもとその家族への共感は、教師の社会認識によって確かなものになると思うのです。

子どもの生活を考える上で私が意識してきたことは、実態としてのくらしの様相をつかむということと、そのくらしの中での子どもの主体的関わりを注意してみるということです。そのためには、今日の子どもの生活の社会的・時代的特質への注目はとりわけ重要だと考えて教師の社会認識を強調してきました。それは個別の子どもと保護者の方の生活を深く理解すると同時に、そこに作用する共通の社会的圧力への理解が必要だと思うからです。

こうした観察をその子の生活の現場で生まれる生活実感・生活感情をみながらそれを交流し、働きかける内容と方法を検討するのです。そうした実践がめざすのは、子どもを生活の主人公に育てることです。つまりそれは、子ども自身が自分の生活を見つめ、生活を変える力を身につけるということです。そうしたとき、それを助ける教師の仕事は、子どもを生活の中から理解することなしには成り立たないのです。

３　育ちを支える現場の臨床教育学と教師

(1)　専門性を高めあう臨床事例研究と学校実践の共同性

勤務していた中学校の「荒れ」方が激しかったとき、校内研究会のアンケートで同僚の悩みを聞きました。転任してきて間もない教師は、「荒れた子どもと出会ったとき、とっさにどのような声をかけ、どのような対応をすればよいのかがわからない」と書きました。「問題行動」に直面して、従来の経験から来る判断が通用しないと感じて悩んだのです。これまでなら厳しく叱責すると思うような場面でも、そうすれば次の新たな対教師暴力事件に発展するだろうという予測はつく。そのような展開を避けてどのように指導するのか。無視したと思われたくない、逃げているともみられたくない、多くの生徒も注視している。こうした中で生徒と直面したその瞬間に現れる教師の対応が問われるのです。

何か課題を抱えた子どもに、どのように声をかけるのか、ごく自然な表現のように見えるちょっとしたあいさつの工夫が、じつは、無自覚の場合も含め何らかの指導の構想とその瞬間の判断に基づいています。そうした判断の基礎になる教師の感性を磨かなければなりません。そのためには子どもの示す具体的事実にこだわり、その事実に沿って出来るだけ深く考え、経験を問い直すことです。reflection（リフレクション）ということです。それを教師の心がけや個人の努力に任せるのでなく、日常の学校の中ですすめるにはどうすればよいのか。何より有効なのは同僚との事例研究です。

事例研究の中で教師は事実の教育的意味を問い直し、そこに含まれる教育的価値を吟味します。その際、子どもの感覚、生活感情、子どもの論理など、問い直しを子どもの側からすすめようとするのが求められる教師の研究です。そうして、自己の生活体験に根ざした言葉を大事にしながら、同僚や子ども・保護者に対して意味を持つ言葉、つながる言葉を探究し磨いていくのです。このような努力は教師の学校と生活世界における日常経験の意味を考えることでもあり、臨床教育学としての探究だといえます。

現場で直面した事実をそのままつかみ多角的に見ようとする試みを実践の中で追究しました。この取り組みを当初は「生活指導のカンファレンス」と呼んでいました。この臨床事例研究は何人もの教師が自分の言葉で語りあって事実を共有しようとするので、全体性や総合性を保持しつつひとつの事例を考察できるという特長があります。その前提には、何を「事実」として取り上げるか、なぜそれを「問題」にするかを考えるということがありました。そうして、カンファレンスの中で一人ひとりの教師の語りを引き出し交流することは、語った教師自身が広い視野の中で問題を再把握することにつながり、研究的関心の母胎となります。臨床的な事例研究（カンファレンス）の重要性を強調してきたゆえんです。

（2）教師のしごとの特質と臨床教育学

教育実践を構想し、教育課程編成を考えるときにも、教材開発においても、指導案を作成する際にも、子どもに接する場面でも、それぞれの局面での選択・判断において教師のセンス（感覚）はきわめて重要なものです。教師のさまざまな認識判断を基礎付けるそのようなまとまったセンス（統合された感覚）の中核にはその教師の人格があるのだといってよいでしょう。ところがこのように複雑で高度な専門性を持つ教師の仕事への社会的な理解は十分ではありません。また、教師自身が自分の保持する仕事の専門性に自覚的でないようにも見えます。

このように感じるところから、教師の専門性の特質を明らかにし、教師自身が学校現場で専門職としての自己認識を高めていく際に依拠できる学として、臨床教育学を構想したいと考えるようになりました。私は、臨床教育学の中心的な担い手は現場教師であり、学校が臨床教育学の生成の場として重要な役割を果たすようになってほしいという願いを持っています。

経験を問い直すには、一般的、概念的な論議ではなく、時には微細とも思える具体的な事実の検討を集団ですすめることが重要だと思います。その場をつくり、教師の悩みを共有し実践をリアルに交流することです。教師が本音で子どものことを語ることは、教師としての自分を語ることになります。その子を、その学級をどう見たか、そして、自分はどう実践を構想し働きかけようとしたか、がその語りに表れます。こうしたことを、事実を通して共有しようと私は臨床事例研究（カンファレンス）をすすめてきました。具体的には、目の前の子どもとその事実そのものを、多角的、重層的に検討し、一定の見通しをもってさしあたりの働きかけを行い、その結果（つまり働きかけ返された内容）を検討し、さらに次の検討にすすむ。継続的な検討過程そのものが重要な意味を持ちます。このようにして、子ども理解を深めることと自分の経験を問い直すことは一つにつながることです。

子ども理解において重要なことは子どもの声を深く聴くということです。もちろん、十分な言葉にならない場合もあり、沈黙の底にあるものを聴くのだと言ったこともあります。ともかくも、子どもの内面に目を注ぎ、その子の要求をつかむのです。そこでは子どもの声が聴くに値するものと受けとめられていなければならないのであって、それはどの子もが複雑な内面の世界を持つ独立した人格として認識されていなければならないということです。子どもの生活感情を理解することの重要性も強調したいことです。教師が多忙や「数値目標」などに追われ、このもっとも基本的なことが、日常の指導の中では後景に追いやられたり、忘れ去られたりしがちなところに大きな問題があるのです。いま必要なことは、子どもの生活の息づかいが感じられるような子ども理解なのです。子どもの生活感情のリアルな把握とそれへの共感と言い換えてもいいでしょう。このようにして把握された生活現実、生きた子どもの姿が、すべての実践と教育論議の基底に据え直されることが必要です。学校は子どもたちが集団で生活する場です。それだけに、教師の集団としての力量、学校全体としての教育力量が発揮される場合が多くなり、集団的にすすめる子ども理解のカンファレンスの意義と役割は大きいのです。

先に紹介した、本田、早川という二人の実践家は、学校内での研究に止まらず、いくつかの民間教育研究団体に所属し研究を続けてきました。彼らが主宰し、その地元で続けて来た研究会は、「教育を読む会」とか「作文の会例会」などと銘打ったものでしたが、そこでは参加者の担任する子どもの問題が語られ、実践が率直に交流されていました。学級通信や一枚文集が持ち寄られることが多く、ほとんどの場合、子どもの作品が載っているものでした。こうしたサークル研究会の参加者のなかでは、まだ出会ったこともない特定の子どもを、まるでよく知っている子どものことのようにさまざまに語り合っていました。考えてみれば、地域で、全国で、地道に続けられているこのような研究は、実践報告をもとにした事例研究であることがほとんどだと思います。そこでの内容は、子ども理解、実践構想、具体的な対応や教材検討、といった議論が自在に展開されているのです。

このような経験と実践を通して、学校内外での研修や校内研究が、子ども理解を軸に率直な教師の実感の語りを伴って展開されるようになればよいと思うのです。それは教職員間の共同連帯性を回復する道でもあるでしょう。

(3) 思春期の危機と中学校の課題

大津市の中学生いじめ・自殺事件は二〇一一年のことで、強い社会的反響を引き起こしました。あの事件以降、中学生の自殺が大きな問題になりましたが、悲しい出来事は今もなくなりません。以下は、二〇一二年に執筆したものですが、今日における中学校の課題に向き合う上で重要な内容であると考え取り上げました。

大津市の中学生いじめ自殺事件後も、川崎、品川、札幌《さっぽろ》などで中学生の自殺が続きました。この悲しい事態は、今日の日本の教育問題の矛盾が中学校に集中的に表れている状況を示すものです。本稿では中学生の自殺に関して設置された調査委員会が出した川崎と品川の二つの報告書を手がかりに、中学生の自殺問題から見える現代の思春期の危機について考察し、中学校教育の課題について述べます。

中学生のいじめと自殺をめぐる問題

中学生の自殺は、二〇一一年に報道されて問題になったものとしては、川崎市六月七日、大津市一〇月一一日の事案があります。、大津市の事案が大きな社会問題になって以降も、札幌市二〇一二年九月五日、東京都品川区九月二六日の事案などが報道されています。二〇一一年一〇月に大津市で起きた中学生自殺事件は、一二年七月になって、教育委員会や学校のずさんな調査や対応が問題になり、社会的な反響を巻き起こしました。たしかに教育長や校長の記者会見などからは、あれこれの言い訳が先行して子どもの命が喪われたことへの痛みが感じられず、大きな違和感を抱きました。教育委員会と学校は、自殺した生徒の家庭的な困難を把握していて、「いじめがあったにしても、自殺の原因は学校だけの問題ではない」と主張したい様子でした。ここには基本的な問題があります。学校の根本的な使命は、子どもの人間的な発達を援助することです。もし、家庭に居場所がないような要因が感じ取れたなら、学校はなおさら手厚い子どもへの援助を考えねばならないのです。マスコミなどの学校バッシングが行き過ぎていたにしても、子どもの自殺の責任をなすりつけ合うような状況は、学校の基本的な立場を忘却したものです。家庭状況も含めて、子どもをめぐる情報はその子を支える実践へと生かされなければなりません。そのような実践を軸に、子どもの成長・発達を願って学校と家庭・地域・社会が手を携えることが求められるのです。

大津の事件が社会的に問題になる中、周辺の学校では管理職を中心に、「ウチの学校は大丈夫か」という声がいくつも出たといいます。保護者の中でも心配は高まり、探偵社へのいじめ調査依頼が全国各地で急増したと報道されていました（産経新聞大阪、朝日新聞、北海道新聞）。いじめはどこでも起きるという認識の広がりとともに、家庭でも子どもを十分理解できていないのではないかという不安感の反映でしょう。そうでなくても思春期の子どもを前にしてその変化に戸惑うことが多くなる保護者の不安は理解できます。

いじめと思春期の問題

文部科学省のいじめ定義は二〇〇六年に被害者の視点からのものに変更され、「一定の人間関係のある者から、心理的、物理的な攻撃を受けたことにより、精神的な苦痛を感じているもの」とし、「起こった場所は学校の内外を問わない」とされています。

被害者側の観点にたって定義することは意味のあることです。しかし、本人が苦痛を感じればそれはいじめであるといっても、本人の苦痛をどのように理解し察知するか、そこには難しい課題があります。自己の内面をそう簡単には表出しないのが思春期であればなおさらです。残された遺族は、「なぜ言ってくれなかったのか」と、相談されなかった自分を責める場合が多いのですが、しかし、親からの自立への道を辿《たど》り始めていた思春期においてむしろ言わないのが自然だと考える他はないと思います。しかし、子どもの自殺という重く悲痛な問題に直面して、原因をはっきりさせたいと考えるのは当然です。そこにいじめの影響があれば、その事実を究明しなければなりません。大津の場合も、いじめの事実の確認、いじめと自殺の関係などをさらに究明するのは引き続く課題になっていました。しかし、たいていの場合、自殺の原因を単一の要因に絞り込むことは難しいのです。要因が複雑であればその複雑さを捨象することなく考えながら、その子の心理的負担の様相を探究するべきです。そうでなければ効果のある予防策は立てようがありません。また、いじめる側の子どもの問題を考えても、その背景にはさまざまな問題を背負っており、急激に残酷性を増す事態もあります。痛ましい事件から深く学び、子どもの自殺を防ぐには、思春期の負担感の複雑さを見なければなりません。それと同時に、心理主義的な理解にとどまらず子どもの生活史や生活実態をとらえる社会的な視座も重要です。

いじめはどこでも起きるというのは多くの教師の実感になっており、最悪の場合は自殺につながるという認識も共有されてきています。一方で、いじめに関係すると見られる子どもの自殺事件では、往々にして学校や教育委員会がいじめを隠蔽しているのではないかとの批判がおきて、そのために、「いじめはあったか、なかったか」という点に論議の焦点が絞り込まれる傾向があります。そうなると、次の問いは、「誰がいじめたか」と犯人の存在を想定し、その特定に向かうようになります。事実は究明されなければなりません。それは深い教育的対応と十分な予防策を考えるために必要です。しかし、問題を特定の子ども同士の関係に絞り込めば、そのことによって現代の子どもの育ちの変化や子ども全体にかかる圧迫感に加えて、部活動などの負担感や受験圧力など中学生にかかる特別の問題などを視野の外に置くことにならないかという強い懸念を抱きます。また、その対応の検証においても、教師の「気付きの悪さ」「感覚の鈍さ」が指弾されることになります。子どもにじかに接する教師の子ども理解の有り様は深く問われなければなりません。しかし、問題をそのレベルにとどめるならば、もっとも深刻な自殺という問題を予防する十全な対策を講じるには不十分であると思います。これらのことをいくつかの報告書を検討しながら考えてみます。

品川区の教育改革と子どもの自殺――「品川区報告書」の検討

「教育改革の先進」を自認する東京都品川区では、二〇一二年二月から一〇月までの子どもの自殺が、報道されたものだけで五人にのぼります。うち三人は区立の小中一貫校に関係しています。ここには今日の中学校の抱える問題が悲劇的な形で鋭く表れていると思います。そこで二〇一二年九月二六日に自殺した区立小中一貫校の七年生に関する「[redacted]いじめ等の調査・対策報告書◆[4]」（以下、品川区報告書）を検討することを通して問題を考えることにします。

　この品川区報告書の指摘するいじめの実態を一読して一番目につくのは、クラスのほとんどの生徒が関わっていたという認定です。暴言等の実行者は二八名（男女各一四名）にのぼり、「Aを攻撃しても容認されるという学年全体の雰囲気があったと推測」しています（一八頁）。このような状況の中、「ボールペン破損（粉々に）などさまざまな兆候が出ていながら、それをいじめのサインと把握せずおざなりな注意に止まっていた」とも述べています。そして、いじめの加害者の行為を問題にし検討しています。しかし、このような状況下では、個別特定のいじめ加害者を問題にするだけでは不十分です。同報告書は、「揶揄《やゆ》も気にせず、Aと関わることができた生徒はごくわずかしか存在しない」とも認定しており、そうした異常な雰囲気が支配的になる学年・学校の構造をこそ問題にしなければならないでしょう。それは「5月末、6月あたりから、『きもい』『うざい』『死ね』といった暴言、ひやかし、からかい、物こわしなどの行為が徐々に日常化していったことが把握される」（二一〇頁）ようになっており、「Aをいじめる状況は学級を中核にして広範囲に広がり、長く続いていた」（二一五頁）ので、「一連のいじめはAを追いつめ『自殺の誘因』となったと判断せざるを得ない」（二一五頁）という事態なのです。相当な長期間にわたって広範囲ないじめの事実が継続していたのであり、こうしたことが把握できなかった学校実態への分析が重要です。その分析はさらに、なぜ多数の生徒がいじめに関わるようになるのか、子どもの中にある心性とその要因の解明へと深められなければならないはずです。

同報告書は当然ながら「学校の教育的責任」も認めています。その部分は以下のように記載されています（二一五〜二一六頁）。

「担任を始め、7年の学年主任、学年教員、それから校長・副校長の管理職がいじめに気付かず、組織として解決できなかった責任は免れない。組織的な管理運営ができていなく、いわゆる『教科書的ないじめ』の存在に気付かず、結果として尊くてかけがえのない命を失わせた教育的な責任は重い」。ここで言う「組織的な管理運営」がどのようなものを指すのかは明確ではありませんが、学校のあり方そのものが問われる事態だというべきでしょう。「教科書的ないじめ」とまで言ういじめの存在を、なぜ学校全体の認識にできなかったのかが分析されなければならないのです。私はこれだけの深刻な事態にだれも気付かないとすれば、それは異常なことであると思います。むしろ、気付いた者がいても、それを指摘したり問題を提起したりすることができなかったのではないかと感じます。そのような学校のあり方や学校体制の問題にこそメスを入れるべきです。当該校が、「フラッグシップ校、品川のシンボル、重要なポジション。誇りを持てと教員には呼びかけてきた」（三〇頁）と校長が胸を張るような存在だったことで、なおさら強くそう思うのです。

「教育委員会の責任」についても奇妙な認定になっています（二六頁）。品川区教委は、学校に対して月一回のいじめ実態調査の報告を要求していました。また、大津の事件後再度のいじめ調査を指示しました。ところが、「当該校における組織的な機能を果たしていない事実、教職員の人権感覚のなさ、教職員の優越意識を起因とする油断に対して、行政指導が十分になされていなかったこと」が問題だというのです。ここで、「行政指導が不十分」とされた対象と根拠は、「組織的な機能を果たしていない事実」、「教職員の人権感覚のなさ」、「教職員の優越意識を起因とする油断」ということですが、「組織的機能」とは何か、それがなぜどのように問題なのかを問わなければなりません。また、「教職員の人権感覚がない」というなら、校長が「フラッグシップ校」などという学校に、なぜ「人権感覚がない教職員」を集めたのかが問題になるはずです。後に見るように、実は「加害者の行動を『いじめである』と指摘した教員」もいました。問題はその指摘が全体のものにならなかったところにあるのであり、そのような人権感覚の発揮を阻害する要因として、「優越意識」があり、それを生んだ品川区における当該校の位置があったのではないのかと思うのです。そうした問題の発生源とそのメカニズムを見るべきであると考えます。報告書がそのことを避けているのは、実はそれが「品川の教育改革」に根ざした問題であることが明らかになることを恐れてのことではないかと感じたところです。優越意識があったとすれば、それを抱いた最たる存在は校長だったのでしょう。その校長が率先して優越意識を醸成し、そうした虚栄意識の肥大化のなかで「フラッグシップ」にふさわしくないような問題は、極力水面下に追いやられる力学があったのではないかと思うのです。本件で典型的に表れた、学校をむしばむこのような力学は品川だけの問題とは考えられません。文部科学省指定の研究発表校などにおいても似たような問題があるのではないかと懸念します。

同報告書は「教員意識」という項で、「Aと加害者の関係を『何となく嫌な雰囲気であった』と感じたり、加害者の行動を『いじめである』と指摘したりしている教員もいる」と認めています。ならば、それが全体の認識にならなかったことを問題にすべきであるにもかかわらず、「そのことが情報として担任に伝わっていないことからも、重要な問題として捉えていなかったことと考えられる」として、問題を個別教師の「人権感覚のなさ」に絞り込んでいるのです。実は、報告書の記述からは複数の教職員が気付いていたように読めるのですが、どのような教職員が気付いていたかなどへの立ち入った検討はありません。今後の対処方法の改善には、こうした問題の具体的な検証が欠かせないと思うのです。

今日の中学校においては、教師が子どもの問題などに気付いていてもそれを提起したり、全体の論議にしにくいという現場の声をよく聞きます。この傾向はこの間の「教育改革」の進行の中で広がっているのです。そのような教育改革のシンボル的ポジションである品川区の小中一貫校で、その問題点を集中的に示す事例ではないかと考えたのです。

思春期の子どもの内面の葛藤――「川崎市報告書」を読む

川崎市では、二〇一一年六月七日に中学三年生の男子生徒が、友人をいじめから護《まも》れなかったという内容を含む遺書を残して自殺しました。それを受けて「3年男子生徒死亡に関する調査委員会」が二〇一一年九月四日に出した「調査報告書」（以下、川崎市報告書）を次にみることにします。遺書の中には、いじめたとされる四名の生徒の名前も記載されており、調査委員会は男子生徒（以下、A）自身への具体的ないじめがあったことを認定しました。ここでは、いじめの具体的な事実ではなく、「内的状況として、Aが、理想として目指している自分と、現実の自分との間にギャップを感じ、悩み葛藤している内面の状況を考察した」報告書の内容に注目しました。Aの内面を考えようとするとき、彼は「遺書」とは別に「遺言」も書き、その他にもいくつもの手がかりを残していました。そのなかには自分が好むアニメの主題歌の歌詞を書き出したものや、国語の授業での作品の読み取りなどがありました。同報告書はそうしたものを読み解き、「8　まとめ」の中でAの内面を描いています。「大変不安定で人生の目標が見えにくい今の社会状況の中、思春期のまっただ中にいる中学生は、誰もがそれぞれのやり方で自分らしさを求めて右往左往している。Aが残したいくつかの言葉からは、Aが自己の在り方を真剣に見つめ、それゆえに確固とした自分を見いだせずにもがいていた様子がうかがえた」というのです。そして、「教員はじめ、家族、周囲の大人たちが、彼の心のありように少しでも気づき、彼の心の内にそっと寄り添うことはできなかったのか」と問いかけています。彼は「遺言」の中で、「自分をさらけ出して生きていくのも、人に迷惑をかけていくのにも疲れました」と書き、「『困っている人を助ける・人の役に立ち優しくする』それだけを目標に生きてきました」と綴《つづ》っています。このような柔らかな内面の傷つきやすさを察する大人の存在が切実に求められたのです。これに対応する教師の努力はどのようなものか。報告書は「さまざまな問題行動等が学年任せになっている状況で、学校全体で考えて取り組んでいこうとする姿勢に欠けていた」として、「学校全体で生徒指導のあり方を検討したり、組織的な生徒指導体制を作っていこうとする取組」がなされなかったと指摘しています。それはそれとして重要な問題です。「いじり」がひどくなり、いじめが進行しているとき、その事実をつかんで具体的に指導しなければなりません。指導と言っても、叱責や説諭などではどうにもならないことが多いのです。思春期における指導を豊かに構想し、教職員の総力を挙げた取組を作り出さねばなりません。それだけに、養護教諭などを含む全校的な連携が求められます。それと同時に、いじりやいじめの対象となった生徒の内面の苦悩をどのように理解するのかがきわめて重要な課題になるのです。

本件のA君は「自己の在り方を真剣に見つめ、それゆえに確固とした自分を見いだせずにもがいていた」と事後の分析では認定されていますが、生徒が抱える内面の苦悩を理解し寄り添って指導する努力の重要性を改めて指摘しなければなりません。この点では、教師の認識とセンスを相当に磨いていく課題があります。川崎市報告書（要約部分）では、二年時にA君に対するいじり行為がエスカレートし、周囲の生徒が「やり過ぎだ」と感じ、二名の生徒が担任に情報を伝えたといいます。担任はA君に対して「大丈夫か」と声をかけたが、A君は「大丈夫」と答えたとされています。このような言葉の応答だけの分析にとどまっていては不十分だと指摘せざるを得ません。じつは、大津市の事件でも、亡くなった生徒への暴力行為があった際、駆けつけた教師は「大丈夫か」と声をかけ、生徒が「大丈夫です」と答えたので、「けんか」として処理したということがありました。明らかに力の差のある関係の中での暴力行為を「けんか」として処理することが問題ですが、その根拠が生徒の「大丈夫です」という言葉になっています。言葉はたとえ「大丈夫」であっても、おかれた状況をみてその言葉を読み解く必要があります。そもそも、自分への誇りを頼りに自立への道を模索する思春期において、「大丈夫じゃない」とか「無理です」などと簡単には言えないのです。それゆえ、その問いかけの際の雰囲気はどのようなものだったか、周囲に誰が居たのかなども考えなくてはなりません。教師が「大丈夫と答えてほしい」との願いを抱いており、生徒の方がそれを読み取って対応する場合さえあると思います。このような状況の判断と子どもの応答の読み解きは、状況が切迫していればいるほど一人で担うことは難しいのです。その具体的な事例に即しながら、集団的に検討することが求められるのです。思春期に「もうだめだ」などと弱音を吐けるのはどういうときか。求められるのは、本当に成長を支えてくれる人間的信頼を寄せる大人の存在でしょう。そして、その大人が「信頼できるか、弱音を吐いて大丈夫な人物か」を判断するのは子どもの側なのです。そう考えると、子どもにそのように認知してもらえる関係をどうつくるのかというのが、繊細な努力のいる重要な課題として浮かび上がるのです。

思春期の危機の深さを考える

人が自ら死を選ぶというのは重大なことです。にもかかわらず、思春期の子どもの自殺事件報道が続きます。「いじめ自殺」という表現や報道はよく目にしますが、いじめがいつでもすぐに自殺につながるわけではありません。その複雑な要因を「子ども同士の関係の問題」に絞り込むのでなく、その関係の背後にある問題をも広く要因として考える必要があると思います。

思春期はそれまでの自己の否定的組み替えが起きたり、新しい自己確立の模索が絡み合って進む複雑微妙な成長の時期であり人生の転機です。伸びゆく新しい芽の先端は常に柔らかく、それだけにまた傷つきやすいのです。いじめによる打撃は、「自分とは何か」「どう生きるべきか」と模索しながら伸びようとする新芽を傷つけます。多くの場合、その問いは友人など人とのつながりの中で探究されるので、それだけに、社会的関係を断ち切ったりゆがめたりするいじめの打撃は大きいと思います。勤務していた女子大で設定した「思春期の生活世界」という授業で、いじめ問題を取り上げた時の授業感想に、中学時代にいじめられた経験を書いた学生がいました。教室内で孤立し、一人で弁当を食べるのがつらく、またそれ以上に、一緒に食べる人が誰もいないということがクラスで知られるのに耐えられなくて、昼食時間になると他のクラスに行くような振りをして、いつも障がい者用のトイレでそっと食べていたというのです。思春期にクラスで孤立するのは地獄です。そして孤立している状況が級友の目に晒《さら》されるのはもはや絶望なのです。

現代日本社会における思春期は、格差と貧困の広がりの中で、幼児期からの「よい子、できる子、がんばる子」競争に加えてテスト点数獲得競争が強まっています。一昔前の進学競争では、結果的にはたとえ幻想に終わっても、「頑張ればよくなる」という雰囲気は残っていました。しかし、今や多くの階層において、「頑張らなければ没落する」という強迫に満ちた競争になっています。よほど頑張らなければ親の生活水準を子どもの世代で維持することは難しいと感じられています。崖が崩れ落ちる音を背に聞きながら前に走らざるを得ない「暗い競争」になっていると言っても過言ではないでしょう。そのような競争は排他的になり、いつか自分が孤立するかもしれないという不安を増幅すると思います。

今日の中学校の困難と教師の専門性

今日の中学教師の専門性として、思春期の生きづらさの現代的様相と子どもの内面への圧迫感をリアルにイメージする力が求められていると思います。子どもと長時間を共に過ごす教師が、子どもの小さな反応から深い悩みをつかみ、子ども理解を深めていく努力が重要であることは言うまでもありません。子どものちょっとしたシグナルの持つ大きな意味を読み解くには、「現代的様相」についての社会認識も欠くことはできません。そのような問題を察知するアンテナは一人では磨けないのであり、職員室などにおける同僚との語り合いを通して感度は高まり、問題の認識が深まるとともに、さらに新しい気付きも誘発されていくものです。

それだけに、職員室を自由に気兼ねなく子どもと実践を語り合う場所にする努力や、その時間をつくり出すことが求められます。しかし、現状はそれに逆行しているように見えます。学校現場の問題は複雑であり、それに対応するとして次々に新しい研修課題が提起され、研修システムは整備されていきます。その結果、「研修栄えて教師枯れる」とも言えるほどに教師の疲弊も進んでいます。現場における同僚との学び合いこそ、教師にとっての日常的で主体的な最重要の研修として位置付けられるべきです。これまで実践し提唱もしてきた「子ども理解のカンファレンス」◆[5]の有効性を主張したいと思います。

「子どもと接しながら教師が感じ取る問題」が重要であるにもかかわらず、現状ではその重要性にふさわしい位置づけが与えられていません。子どもから出発してその苦悩に寄り添うよりも、見た目の「キチンとチャンと」を優先する風潮や部活動での成果主義などが強いのです。それがまた教師自身をも縛っているという問題があります。このような傾向が実践上に及ぼす最大の問題は、困難を抱えた子どもに心を寄せる実践の創造を阻害することです。

先日、北海道内の養護教諭の研究会で講演する機会がありました。講演後の感想のなかに以下のようなものがありました。

小学校から中学校へ転勤した私の感じた違和感は、子どもの学校生活が、ゆとりのない学力重視の（または、部活重視）というものになっていて、先生方はそれに違和感がないことに対してのものだったんだ。私の違和感は中学一年生の違和感と同じはず……。そこにもっと、子ども中心の移行期への配慮が本来は必要なはず……。

この感想は、長く小学校の養護教諭を務め、自らの実践記録を発表してきた実践家のものです。その経験から感じる違和感と「子ども中心の移行期への配慮」が必要だという提起は重要です。

中学校では「自立」を口にすることによって「依存」を否定的に見る傾向も強いと思います。自立は丁寧な指導の賜《たまもの》であって、依存によって支えられるということもあります。しかし、必要な配慮さえ「甘やかし」という言葉で否定して子どもの現実を見ないことが多いのです。

個別の子どもの教育的ニーズをつかむことこそ教育の出発点のはずです。しかし、中学校でそれを阻む壁は、上述した以外にも、学力テストの点数獲得競争とそれにあおられた「授業時数確保」などがあります。

ここまでみてきたような今日の中学校教育を巡る諸矛盾をどのように克服するのか。それを現場実践の課題として考えれば、目の前の子どもについての理解を同僚や保護者と共同で深めていくことが出発点になるべきだと思います。そして、日常の実践的努力として学級づくりがあります。学校の日常生活で生起するさまざまな問題の解決を通して、級友同士が理解し合い連帯感を深めていく学級づくりを目指したいものです。どの子にも居場所になるような学級づくりの努力の中でこそ、子どもと教師の気持ちも通い合い信頼関係は強くなります。こうした実践は、子どもと深く関わりたいと願う教師の生きがいの原点とも重なることです。保護者からも自立の道を辿《たど》る思春期においては、身近な大人としての教師の存在の意味はとりわけ大きいのです。外からの抑圧感を加重するのでなく、生活から子どもを理解し、その子を「まるごとつかむ」実践的な努力を尽くしたいと思います。校内の各種会議についても、子どもの具体的な姿が論議され、参加した教師が自分の実践や子どもとのかかわりを振り返る機会になるよう改善する必要があります。そのための方策として、「子ども理解のカンファレンス」の意義を重ねて強調しておきたいと思います。

4　子ども理解の深化と教師の成長

（1）　教師受難の時代と教職の専門性

精神疾患は他人事ではない

「教育改革」の名の下に、矢継ぎ早にいくつもの提言や政策が発表されますが、現状ではその「改革」で教育が良くなる実感はありません。なぜなら、その内容の問題とともに、教師の元気回復と意欲の活性化が伴わなければ、どのような教育改革プランも実現は困難だと思うからです。これまでのところ、一般的な既成の教師像に寄りかかりながら教師バッシングが展開され、その実、その教師像を実質的に空洞化するような事態がすすんでいます。

学校現場にいる元の同僚たちと話していると、彼らの深い嘆きを聞くことが多いのです。教師の精神疾患の増加が報告されていますが、その発症のベースには、嘆きの底に沈殿するやるせない徒労感があると思います。教師たちのこの困難状況を解決しなければなりません。

現今の「教育改革」論議のなかでは、学校での指導の不十分さがさまざまに指摘され、教師は改革の対象にされています。子どもの発達援助と教育の専門家としての教師が、教育実践と教育改革の主体になりゆくことが必要だと思うのです。

教師という仕事は子どもと接しながら、子どもとの直接の応答を通して実践を創造的に展開するものです。子どもと接する場面での、瞬間的な判断をもとにした創造的展開において教師の専門性は発揮されます。そのような場こそ教師の生きる現場であり、実践は生き生きとした姿を示します。教師の教育実践の創造性は、子どもへの献身性とそれを生み出す使命感によって支えられています。それゆえに、教職は社会的な尊敬や敬意を得てきたのだと言えるでしょう。その献身性や使命感を育てる最大のものは子どもと接する喜びなのです。

近年繰り返された学校と教師への非難は、「教育基本法改正」という政治的目的遂行のための地ならしの役割を担いました。それは営々と積み上げられた「教職への敬意」という社会的合意を破壊し、さらに、そのことによって教師の報われ感を奪い、徒労感を増大させ、日本の大きな教育財産を掘り崩したのです。

「教師受難の時代だからね」。学校現場でよく聞いたセリフですが、ある種の諦めの響きを含んで自嘲的にささやかれていました。一生懸命やっているのに、その努力の意味も理解されず、目に見える成果を性急に求める世間の眼差《まなざ》しを感じているのです。そして、「指導力不足教員」などの語が飛び交うなかで人事考課制度などの評価にさらされると、つい自己防御的な対応に傾きがちになります。そうなると目の前の子どもの困難に共感できなくなります。また、無理難題をふっかけてくる親のイチャモンと見えるような問題の背景にある、その親の困難にも目を向けるゆとりはなくなります。

身近な休職者のケースを聞いてみると、重い葛藤を抱え、体調の不良にもかかわらず、実際に休職するまでの期間が長い場合が多いのです。休職者の周辺には「休みたいけど休めない」「休むわけにはいかない」などと感じて、歯を食いしばって持ちこたえている教師たちが多数存在します。一人の休職者の周辺には、同様の苦悩を抱えたその何倍もの教師たちが存在することは間違いない事実でしょう。

学級崩壊や保護者の執拗《しつよう》な苦情に遭遇して精神的な葛藤を抱え込み、子どもや保護者との関係がもつれて精神的に追いつめられた教師に、その職場や同僚が有効感のある援助の手をさしのべることも十分にはできていません。同僚間のまなざしがお互いを縛り合うように感じられて、自分の困難や苦しさを職場の同僚に安心して出せない教師が多いのです。困難な事実から出発するのでなく、教師ならこうあるべきであるとか、ああいう場合にはこうせねばならない、などと「出来上がった教師像」がまずあって、それに照らして不十分さを指摘することになりがちです。私は、こうした問題を「ベキ・ネバ症候群」と呼んできました。

このように、今日、教師の精神疾患の増大は、多くの教師に他人事ではないという不安を引き起こしていますが、問題は個別教師の健康問題にとどまらない深刻な内容を孕《はら》んでいます。

現代における子どもと保護者の困難の把握

教師が指導困難だと感じる子どもは、子ども自身の中に自分らしく成長していく上での困難を抱えているのが普通です。教師の専門性は、そのような子どもの困難を子どもの内側からつかみ、その子のニーズにふさわしい援助や働きかけを創り出すところにあります。しかし、教師がゆとりをなくして視野が狭まると、このように考えることができなくなります。

一般的に言って、「よい子」「できる子」「がんばる子」を求めるのは、保護者や教師のごく自然な願いのようにみえます。しかし、社会的な競争圧力が過剰な現代日本社会においては、この自然な願いが子どもに担いきれない重荷になる場合がある、という認識が必要です。不登校の状況を聞いてみると、「登校しないことによってやっと自分を守っている」などという説明が妥当するような事例が増えていると感じられます。保護者も教師も、これまで当然視してきた子どもへの要求や願いを社会状況をふまえてとらえ直し、社会的文脈の中でその質と重さを子どもの側から吟味することが必要です。その要求が、その子にとってどういう意味を持つか、現状で担いきれるかという、いわば、子どもがそれまでに形成してきた基礎力と、現にその子がおかれている環境条件に対応して検討されるべきなのです。

困難な子どものなかには、保護者からのプレッシャーを和らげないといけないと感じさせる子どもがいます。そのような場合も、保護者の態度を批判していてはうまく解決するどころか、かえって問題がこじれることが多いのです。保護者の抑圧的対応や威圧的態度、過度の叱咤激《しったげき》励《れい》などの問題の背後には、子育て不安が潜んでいる場合もあります。こうした時には保護者のそのような困難を理解した援助が必要になるのであり、それは福祉的な視点を取り込んで考えるということです。今日の教師の専門的力量として、教師の困難・子どもの困難・保護者の困難をつないで考える力が求められています。

臨床心理士資格を持つスクール・カウンセラー（SC）が、配置され始めたころ、SCのなかには、教師よりも専門性が当然高いという感覚で現場に入り、心理学の知見をもとにある局面を切り取って示してみせるというようなこともありました。現場教師としてそれをどう考え、どのように対応するかという問題に直面しました。教師の仕事の特性をわきまえていないのではないかという批判を持つとともに、学校における子どもの問題を心理学に解決するわけにはいかないし、またそれで済むわけもないと感じました。心理学の知見や技法を生かしながら、教育実践としてどうするのかが教師に問われ続けるのです。SCの配置などもきっかけに、教師が自らを問い直し、教職の専門職性や自身の専門性について、具体的に語れるようになるといいだろうと考えました。

もともと、日本の教師の日常の仕事の中身を観察すれば、特定の関心に従って切り取れるような限定的な仕事ではないことはすぐにわかります。きわめて複雑で総合的な内容を、集団のなかで継続的に進めているという特徴があるのです。一人の教師が、教科の授業とともに学級づくりという集団のなかでの社会性の育成を目指す仕事も行い、〈カウンセラーの役割〉も、〈ソーシャルワーカーの仕事〉も、目の前の子どもに添って進めていきます。その子の必要とする発達への援助を中心的な課題と考えるゆえの努力であり、総合性はそのようにして要請されるのです。このように考えると、新たな業種を入れて、役割分担をすすめるだけではうまくいかないというのは容易に理解できるでしょう。スクール・カウンセラーやスクール・ソーシャルワーカーと教師がその専門性に立って、それぞれの仕事を、当事者としての子どもにおいて統合するような共同関係をつくりだすことが期待されるのです。

子どもの人間的成長にむけて学校生活の内外でその援助を組織するという、複雑で総合的な問題への対応が教職の専門性の重要な核になっています。そのような仕事だけに、教師にはある種の使命感がなければ、その仕事を全うできないのです。総合性を持った複雑な仕事であることを前提として、教師の負担を軽減する方策を考えるべきであると強く主張したいと思います。

「教師は〝教育サービスの提供者〟であって、〝消費者である保護者〟の要求に従うべきである」というような風潮があり、また一方で、縦筋からは「公務員教師は政府の方針に沿って働くべきだ」という強い主張と指導も入ります。このようななか、教師が教育のあり方や教職の専門性への理解を広げていくよう努力することは、自らの受難を克服するだけでなく、子どもの発達や教育そのものへのより高い社会的合意をつくり出す意義深い実践だといえます。

教師像の模索における社会・地域認識と子ども理解

まじめで熱心な教師は、「教師は知識と規範の教授者」であるという枠組みの堅い教師像に、ともすれば縛られがちです。そうなると「知識」や「規範」そのものを問い直すことがしにくくなります。教師が自らを縛る教師像をそれとして認知し、対象化して考えることは重要な課題です。現実は日常の多忙にも追われて、無自覚に現状追認の教師像を演じてしまうことがあります。「社会的、歴史的に形成された教師像をどうとらえるか。その教師像を問い返しつつ、絶えず再構成できる力を身につけたい」というのは、現場教師であったときに去来した思いのひとつです。再構成をはかると言うとき、その軸は固有名を持つ特定のその子の発達要求に沿って考えるということです。その場合の固有性は「個性の尊重」ではなお足りず、第3章で述べたように、戸坂潤に倣って言えば「その子一身上の問題」を見るということです。それは、発達の主体としてのその子を尊重するということです。今日の競争社会に適合的な「よい子、できる子、がんばる子」像を先に描いて、そこに向かって能率的に到達するのをよしとするような教師像とはぶつかり合うことになります。このように考えると、成長発達の主体はその子自身であり、その子の中の矛盾を発達のエネルギーに転化していくという教師の仕事を考える上で、〝発達援助〟という概念が重要です。「発達主体としての子ども」という観点を強調し、支配的な教師像の枠組みを広げることができると思うからです。そこから、発達援助において学校の果たす役割、教師の仕事の特質が考えられるといいでしょう。ただ留意したいことのもう一点は、教師はそれを集団のなかで追求するということです。固有性をいえば、ともすれば一人の子どもとの個別の対応がイメージされ、集団性が捨象されるきらいがあります。子どもと子ども集団、教師と教職員集団など集団との関わりを視野に入れた学校での実践を、発達援助の観点で見直していきたいのです。それは、子どもに心を寄せ、魂あいふれて、その人間的成長を援助するという教師の原点を、同僚とともにふり返ることであり、教師の生きがいを再構築することになると思います。

子どもの教育要求として、発達的・教育的ニーズを深くとらえるにはどうすればよいのか。多くの教師の悩みはこのような問いにつながるものです。直面する困難が子どもと教師の関係の問題のようにして顕在化するので、それを直接的に解決するヒントを心理的なアプローチに求める傾向が強いように思われます。もちろん、子どもの内面の葛藤や状況を理解するのに心理学の知見が有用なことがあるのは言うまでもありません。しかし、現場教師の子ども理解はそこに留まっていることはできません。なぜなら、子どもの成長と発達を願って知的な世界を開き、人格形成を求めて教育計画を構想し、学校という社会の中で、授業を中心に、日常的、集団的に子どもに働きかけるというのが学校と教師の仕事の特質であり、子どもに働きかけ、応答しつつ働きかけの質を高めるのが教師に求められることだからです。それゆえに、子どもの日常の生活への深い理解は欠くことのできない問題です。第五章でも触れた教育学者勝田守一《かつたしゅいち》は、子どもの認識と授業に関連して、「ひとりひとりの子どもが、それぞれの自分の持っている内的条件に応じながら授業の中にどのように参加できるか」を問題にしました。◆6 授業も含む、学校生活と学習への参加を考え「内的条件」を深くつかもうとするとき、その力になるような知恵と技術は日本の教育遺産のなかにさまざまに蓄積されてきています。生活綴方《つづりかた》の教育実践などはその代表的なものであるといえます。子どもへの理解といえば心理学の問題と考えられがちな一般的傾向の問題点を指摘しなければなりません。教師の子ども理解には、「個別の子どもの特性の把握」「学級・学校社会における関係性の分析」「社会状況のなかの生活と家族の問題へのその子のかかわり方についての洞察」というような内容が含まれているのです。

こうして、教師は日常生活性・集団性・継続性という学校生活のなかで、子ども理解と働きかけの組織化を展開します。働きかけは子どもの生活と科学や文化への架橋という学校の特性を踏まえたものであることは言うまでもありません。生活と教育の結合、科学と教育の結合などという論争もありました。しかし、子どもへの深い理解にたった教育的な働きかけの意味は、「生活と科学・文化をその子において結合する」ということでしょう。そうであれば、子どもへの理解は教育実践構想全体の基底に据えられるものです。

そもそも子どもへの理解なくして、教育的に働きかけようがないのです。子どもへの働きかけのあるところ、たとえ無自覚であっても、何らかの理解が踏まえられているということです。

とは言っても、教師の子ども理解は静止的な理解ではありません。働きかけ、応答しながら深まるというような動的な理解です。教師の働きかけ（教育実践）は、その子の成長発達をめざして行われるものである以上、その子の成長発達の姿への理解がなければなりません。先にも述べた通り、その子の発達的・教育的ニーズを理解し、把握しなければ実践を構想することもできないはずです。子ども理解――教育構想（計画）――教育実践――子ども理解というような連続的循環を深化・発展させることが教師の専門性の開発を進めることになると思うのです。

生活綴方教師が結集した雑誌『綴方生活』は、創刊号（一九二九年一〇月）の扉に「生活重視は実に吾等《われら》のスローガンである」と掲げ、「リアリズム生活綴方」論を展開し同誌にも拠《よ》った佐々木昂《ささきこう》は、「教育は子どもの生活事実を出発点としてさらに生活にまで帰結せしめようと考える。生活は文化の焦点である。いっさいの過去をにないながらさらに将来へ展開せんとする契機である」と述べました。[7]

これらにも学んで、いま、子どもの生活の把握と内面への理解ということを考えるとき、どのような子どもの事実を視野に入れることが必要でしょうか。同僚の若い教師にわかりやすく説明しようとしたときに民俗学がヒントになりました。子どもの生活史と生活誌とに区別して説明することにして、以下のような項目にまとめました。生活史はその子がこれまでの生活のなかで、ある価値観に基づく判断処理を繰り返してきたその集積であり、生活誌は現にその子がいまを生きる姿そのものというふうに区別してみたのです。また、今日の子どもの生活の社会的・時代的特質への注目はとりわけ重要だと考えて教師の社会認識を強調しました。

子どもの生活について詳しく見るために、以下の三つの角度から着目点をあげました。基本的生活状況、社会的生活状況、文化的生活状況がそれです。そのうえで、それぞれに関連する項目を例示して示しました。

——基本的生活状況……衣・食・住、睡眠、生活習慣、健康など

——社会的生活状況……家庭状況と家族関係、家庭と地域との関係、基底的社会体験（近親者の動向、生死、別離体験等）、交友関係等

——文化的生活状況……学力の状況、興味・関心、出費の状況、生活時間の特徴等

このようにして個別の子どもの生活をよくつかむと同時に、そこに作用する共通の社会状況への理解が必要です。こうした観察をその子の生活の現場に密着して複数の目で行い、その子の生活実感・生活感情はどのようなものかをみながら、それを交流し働きかける内容と方法を検討するのです。しかし、それだけではまだ説明は不十分であるように感じます。子どもの生活と生活感情は教師だけが把握すればよいのではありません。その子自身が自分の感情と向き合い、生活を変えるのに挑めるように援助しなければならないのです。

地域における学校の役割と教師の社会的位置

学校は子どもの発達援助にかかわる地域における専門組織です。教職の専門性の一つとして、学校をそのような社会資源として活性化し運営する仕事が重要になっていることも指摘しなければなりません。それは「学校づくり」と呼び習わされてきた内容を、子どもの主体的学習活動をベースにして不断に見直すことであり、「地域に根ざす」といってきた内容を、保護者・地域の願いをつかみ、住民とともに地域のさまざまな社会資源を教育的に活用する方策を組織的に追究することです。その際、個別の子どもの問題を含む当該学校教育の状況を、具体的事実で教師が語れなければなりません。学校教育のプランナー、地域と学校のコーディネーターとしての教師が、地域社会において、そのような専門性を一層発揮していくことが必要になっていると思います。

地域においても格差が広がり、利潤と効率を追求するのを優先する傾向が強まっています。それだけに、子どもの人間的成長をささえるという観点で、家庭・地域・社会を見て、「地域における人間的結合の基礎をつくる学校」、という地域社会における学校像を再構築していくのも教師の重要な仕事だと思うのです。

生活から、地域からの視点を持って子どもを理解し、教師の専門性を考えるとき、それがどれほどのリアリティを持つかは、なんと言っても目の前のその子への関わり方に焦点づけられます。そして、それは子どもへの共感によってひらかれていくと思います。困難を抱えた子どもの生活状況は複雑で、家族間にもさまざまな葛藤を抱えている場合が多いのです。依存と自立が絡まり合って揺れ動く思春期の子どもを適切に支える条件は十分ではありませんでした。そのような状況の中においてみたとき、加害的立場のその子が社会的にいじめられている存在のようにも見えてきます。このようにして、子どもと子どもを取り巻く状況をつかみ、思春期を生きるその子の人権保障・発達保障という点からその子への共感を生み出していったのです。

幼児期から傷ついた体験を重ね、人間への不信を沈殿させている子どもとも、共感をベースにねばり強く対話を重ね信頼の絆《きずな》を紡ぐことは、重要な意味を持つ実践だと思います。

学校における共同研究の学としての臨床教育学と新しい教師像の形成

教員養成の改革や教員免許更新制などに直面して、昔から言い習わされてきた「教師は現場で育つ」ということの意味を深く考えるべき時だと思います。養成段階でもなく、学校を離れた研修会場でもなく、学校という現場にあるものといえば、子どもと保護者と同僚です。それゆえに、「教師は子どもに育てられる。教師は保護者に育てられる。教師は同僚とともに育つ」ということを改めて強調したいのです。それを内実化するためには現場での共同研究の重要性を認識し、それを意味あるものにしていくことが必要です。

現場でこだわって使ってきた「教育実践」という言葉には、子どもに働きかける教師の主体的・能動的な姿勢や思いが込められてきたといえます。私はこうしたものを踏まえ、何気ない教師の日常的な言動やセンスの中に、その教師の実践者としてのいかなる判断があり教育的価値が含み込まれているかをみて、それがどのように形成されてきたかを臨床教育学として考えていきたいと思います。

経済学者の二宮厚美は、物質的富を生産する労働を物質代謝労働と呼び、それに対して人に働きかける労働を精神代謝労働と名付けています。◆8 これをヒントに教師の行っている労働を特徴づけるなら、それは人格代謝労働と呼ぶのがふさわしいでしょう。子どもに対するさまざまな働きかけを、自分という人間を使って、自分という人格を通して行うのが教師です。考えてみれば、子ども理解のカンファレンスの中で、教師が子どもを語り子どもとのやりとりを語ることはとりもなおさず自分自身を語ることだ、と言ってきたことの意味もこのようなところに根拠があったのです。さらに、子どもと直面する場面では、子どもの気分・感情・雰囲気を読み取り、教師も自分の気持ちを込めて働きかけます。このような場合は、感情代謝労働と特徴づけることもできます。感情はある場面でその人物の人格がむき出しになったものだとも考えられ、そうであれば、子どもの生活感情への理解の重要性も一層よく理解できるでしょう。

現場では毎日毎日いろいろなことが起こり、差し迫った事態にはすぐに対応することが求められます。それだけに、事象対応型の現場での研究の核になるのはカンファレンス（事例研究）です。私が実践してきた「生徒把握のカンファレンス」「子ども理解のカンファレンス」は、そのような事例研究の一つです。そうした場において、私は研究主任や学年主任、あるいは教育相談担当として座長的役割を果たすことが多かったのです。そこで意識的に努力したことは、実感に基づく率直な発言を参加者に促し、その発言に共感しつつ問題を深めるように「問い返す」ということです。語った教師自身の内発的な問いの生成を誘発するように、と考える緩やかな「問い返し」は私が相当に力を入れたことです。

カンファレンスは事実を共有・交流し、問題を発見していく場です。そのカンファレンスの場から発する研究と実践の流れの大筋を描いてみると次のようになります。

☆直面する困難について事実の見え方の交流↓問題をたてる（問い返しと内発的問いの生成）↓問題の解明（見立て）↓教師それぞれの持ち味を踏まえて対処・方策を立案する（処方を考える）↓実践する↓再交流（検証）

このように循環する展開の筋道を描いてみても、実際には、ことはそうスムーズに進む訳もありません。要因はあまりに多くて複雑に絡み合い、単純化できないのです。困難な事実の全体を視野に入れて、何度でも手直しを繰り返すことになります。検証のなかでは、問題の立て方が間違っていなかったか、導き出した処方が間違っていたのか、実践の場面における特定の実践者の具体的対応の問題なのか、また、処方を考えるときには、当然実践者の技量・特質への配慮を含むのですが、その把握において不十分さがあったのかなどという反省も生まれます。

しかし、どれほど熟考したとしても、働きかけの対象となる子どもの現実態を生み出している複雑な要因を解明しきれるわけはありません。このような難問に直面しながらも、カンファレンスを積み重ねていくなかで徐々に的が絞れていく、という感じがもてるようになると同僚たちの元気も回復していくのです。

このようなイメージで実践の構想を具体化できるようになったのは、私自身の体験をふり返り、意味追究を模索したからだと思います。私が暴力と破壊に支配された中学校の混乱状態の中に身を置いて、出勤が辛く朝起きあがるのにも大変なエネルギーが必要になったとき、自分にとってのこの困難の中核的な問題は何かと考えました。そして、それは「荒れの中心にいる子どもと心が通わない」ということだと思い至ったのです。そこから、ではどうすれば心を通わせることができるのか、その子どもの内面への理解を深めることだ、そのためにはどうすればいいのか、と揺れつ戻りつしながら方策を模索してきました。このような状況の中で何かまったく新しい実践を思いついたわけではありません。同僚との問題の共有を願って、日常的に行われている学年会の質を変えることを追求しました。自分の主催する会議で、議題の冒頭に子どもの問題の交流をおき、担任も生徒指導担当も自分に見えた事実を出し合うことから始めました。それぞれの発言を受けて、私は、問題を当事者の側から描き直すことを促すような問い返しを行いました。しかし、暴力事件の中では、困っているのは被害者であり被害者の保護者であり、止められない教師であることは強調されても、「暴力を行使している当人自身が困っている当事者だ」という見方に辿り着くのは容易なことではありませんでした。校内の暴力事件において、被害者を守る最大の保障は加害者を変革することであり、そこに挑むには暴力加害者への理解が必要でした。カンファレンスを積み重ね、その子への理解が深まるにつれて、その子に接する教師のまなざしも態度も、要するに発するメッセージが変わっていったのです。このような取り組みを踏まえて校内研究の改革を模索したのです。

教師が日常の事実と実践の中に含み込まれている意味を考え、問いを立てようとするとき、それは現場における研究の入り口に立ったといえます。このような研究の導きの糸としての臨床教育学が求められます。その際、「教育病理に対応する狭義の臨床教育学」を考えることもできます。たとえば、問題・困難に対応し、特別な教育的ニーズを持つ子どもに個別にかかわり、その子を授業の席に着かせるまでの方策を考えるというような限定的なものとする考え方もあるでしょう。しかし、私は、子ども理解を基礎に教育実践そのものを問い直すような、教育活動全体を視野に入れた臨床教育学の展開を考えていきたいのです。

いずれにしても、教師が現場における研究の主体となるとき、元気は回復し意欲は活性化します。このようにして教師が自身の専門的力量を向上させ、子どもと教育の問題について社会的に発信する言葉を持つことを目指してきました。

教師が、現場に身を置きつつ学校の日常の中で成長していくという課題を考えるとき、もっとも身近な研修機会は、どの学校でも取り組まれている校内研究でしょう。しかし、現状はそれが教師自身の内発的な研究意欲と結びつかず、他律的な研究になっている場合も多いのです。それだけに校内研究会の内容を吟味し、子ども研究から出発してその質を変えていくことが、「教師は現場で育つ」といわれてきたことを内実化することになります。

教師が現場で日々感じる疑問や悩みにそって、職場（学校）で互いに学びあい、育ち合うにはどうすればよいのかと考え、学校という現場性を生かした共同研究として、「校内研究」の改革を試みました。その中心は、先に述べた学年会の改革を踏まえて、「事例研究」「子ども研究」を臨床的にすすめるということでした。そのためには事例報告が必要です。子どもの観察から始め、子どもの声を深く聞き、それらを記録しつつその子の要求をつかむことです。子どもとの応答をていねいに記述することは、教師のふり返りを伴うことになります。それを共有していくことによって把握された生きた子どもの姿が、すべての実践と教育論議の基底に据え直されることが必要です。そこから教師の働きかけの事実と意味を考え合うことです。それこそが、子ども研究を共同ですすめるカンファレンスのめざすものです。

学校の実践の現場にいて困難にぶつかった教師が、その解決策や援助を「教育学」の理論に求めるのは残念ながらそう多くないように思われます。先輩や同僚に相談するか、本を探すときには、子どもとの関係がもつれるという問題が多いので心理学の書物を手にするという傾向があると思います。実践現場の悩みと教育学研究をつなぐ言葉が磨かれず、共有されていないという問題があるように思うのです。もっとも、現場教師は直面する問題の実践的な解決を求め、研究者は問題を理論化しようとする基本的な違いがあります。この違いを双方から埋めるところに臨床教育学のひとつの可能性があるのではないかと考えています。

教師が一筋縄ではいかない子どもにぶつかり、目の前の事実と困難をどのような言葉で語るかを考えようとするようなとき、教師の研究は深まっていきます。その研究は、直面した一回限りの個別の事実をリアルに把握し、その意味を考えることでさらに深化するような性質のものです。しかし、学校の事実の多くは教師にとってあまりに日常的な出来事であり、多忙ななかではいちいち立ち止まっていられないと感じるようなものです。ときに考えることに直面しても、切迫した課題を前にした緊急事態で対処方法が急いで求められ、事実そのものに距離を置くことが難しいのです。また、対象化が難しいのは、多くは教師と子どもの関係であり、それは教師として他ならぬ自分という人格を通した関係であるという問題があります。

現場研究者としての教師は事実の教育的意味を問い直し、そこに含まれる教育的価値を吟味します。その際、子どもの感覚・生活感情・子どもの論理など、子どもの側からすすめようとするのが求められる教師の研究でしょう。そうして、自己の生活体験と実践に根ざした言葉を大事にしながら、同僚や子ども・保護者に対して意味を持つ言葉、つながる言葉を探究し磨いていくのです。このような努力は、教師の教育実践と生活世界における日常経験の意味を考えることから始まります。それは臨床教育学としての探究だといえます。教育現場では、曖昧な言葉に寄りかかったり、ある一面を鋭く切り取る言葉に出会うと、何となく問題を処理できたと考えがちです。しかし、そのようなひとつの概念を押し出すとき、一方でその事実の持つ問題の総合性・全体性は失われるという危険と背中合わせであるという自覚が必要です。

この危険を克服して、直面した事実をそのままつかみ多角的にみようとする試みが、実践の中で追究した「生活指導のカンファレンス」でした。今では「子ども理解のカンファレンス」と呼ぶようになりましたが、そこでは、何人もの教師が自分の言葉で語りあって事実を共有しようとするので、全体性や総合性を保持しつつ、一つひとつの事例を考察できました。また、カンファレンスの中で一人ひとりの教師の語りを引き出し交流することは、語った教師自身が広い視野の中で問題を再把握することにつながり、研究的関心の母胎ともなりました。それは同時に、現場における臨床教育学の生成の場となります。臨床事例研究（カンファレンス）の重要性を強調してきたゆえんです。そして、いまではこのような努力は、教職員集団が支え合い学び合う実践のコミュニティ形成につながっていたのだと振り返っています。

注

◆1　『魂あいふれて　二十四人の教師の記録』（百合出版、一九五一年）、三二八〜三三〇頁。

◆2　『作文と教育』二〇〇九年、一一月号。

◆3　『作文と教育』二〇一〇年、一〇月号。

◆4　同年一〇月、■は黒塗り部分で字数は不明。

◆5　「子ども理解のカンファレンス」については、以下の拙著を参照されたい。福井雅英

『子ども理解のカンファレンス――育ちを支える現場の臨床教育学』(かもがわ出版、二〇〇九年)。

◆6 勝田守一『教育と認識』(国土社、一九九〇年)、一四四頁。

◆7 佐々木昂「指導の特殊性」『佐々木昂著作集』(無明舎出版、一九八二年)、六〇頁。

◆8 二宮厚美『発達保障と教育・福祉労働』(全障研出版部、二〇〇五年)。

あとがき

この本をまとめることは、私自身の教職生活と研究関心を振り返ることになりました。そして、それは自分の教師像を描き直しながら試行錯誤してきた歩みを確かめることでした。

「文化のタネを蒔《ま》く教師」に憧れた若い日の私は、「正しいことを言うのが教師だ」という単純素朴な教師像を疑いもしなかったように思います。自分が価値あると信じる知識や文化を教壇の上から説く啓蒙《けいもう》主義的な教師だったのです。そこにはまだ「自分で考える」という自律性はあったと思いますが、「教えたいこと」が子どもより先だったわけです。後に稲垣忠彦《いながきただひこ》先生から学んだ「子どもと教材の結合」でもなかったのです。

小学校教師時代は、子どもと遊ぶことしかできませんでした。子どもと同じ地平でほとんどガキ大将の気分でドッジボールなどをしていました。しかし、それでも子どもとつながっていたと思います（六二歳になった当時の教え子たちの何人かとはいまも交流は続いています）。三〇歳で中学校に移り、それではやっていけない事態に直面して悩み、身についた教師像を描き直す模索を重ねました。手に負えないように見えた子どもに対して、問題を子どもや家庭状況に還元していたらそれは起こりえないことだったかもしれません。理解しがたいと見える子どもの言動に向き合い、なんとか子どものことをわかりたい、その言動の意味を考えたいと思い続けてきました。葛藤のなかのその模索は、子どもと心通わせるための努力だと思うようになりました。子どもの示す状況は、どのようなものであれその子の生きる姿としてひとまずは受けとめ、そこからその子の成長や発達を考えるということです。そのようにして、子ども理解から発達援助専門職としての教師へという道筋が見えたように思います。そのように振り返れること自体が私にとってはとても意味のあることだと思いました。

学校と子どもの現実から、求める教師の質を考える

いま、学校や教育をめぐるニュースは、「不登校三四万人」「精神疾患で休職教師過去最多」「教員不足」「教職志望学生減少」などなど重く暗いものが目につき、当然ながら、政策・行政も対応を迫られています。しかし残念なのは、打ち出される施策が現場の実態と合わないと思えることです。それは、政策立案者や担当部局が現場を知らないというよりも、向いている方向が違うと感じるような内容なのです。そのことを端的に表すのが「質の高い教師」という言葉で浮かんでくる教師像でした。

この言葉に対する私の最初の疑問は、「誰に対する質なのか」、「どのような子どもに対応する質なのか」というようなものでした。学校現場から受ける相談内容で多いのは、不登校の子どもや福祉的ケアを必要としている子どもにどう対応するか、悩み苦しんでいる同僚への支援についてなどです。このような問題について現場では心ある教師たちがさまざまに実践的な努

力を重ねています。こうした現実をよそに、政策が注力しているのはグローバルな新自由主義世界で競争に勝ち抜く国家の繁栄のための人材育成であって、それに資する質ではないのかという問題です。つまり「質の高い教師」の意味と内容を問うことは、いま学校や子どもの現実が求めている教師像と政策立案側が求める教師の質のズレを明示化することになるのではないかと思いました。教育や教師の本源的な姿は論じないで、教師の「質」を取り出すことにも問題を感じました。そこで改めて、現場の先生たちにも自分の求める教師像を描いてほしいと思ったのです。

一九五〇年当時、宮原誠一東京大学助教授は、戦後教育改革を受けて、「理想の教師」という言葉で教師論を展開し、その使命を保持しうる条件整備の必要を訴えました。「理想の教師について考えれば考えるほど、教師という職業が他の職業にまさつて高いヒューマニティを必要とする職業であることを思わせられる。わけても人間的な知恵と情感と意志を保持しうるような、そういう社会的・経済的条件を、われわれはわれわれの国の教師たちに保證《ほしよう》しているであろうか」と問い、「理想の教師の基準が現実的に生かされるためには、そのための社会的・経済的条件が整えられなければならない。この点をはっきりさせることが、いまなによりも大切であるように思われる」と述べました。◆1

宮原が「高いヒューマニティ」や「人間的な知恵と情感と意志」という言葉で語った「理想の教師」像は、二〇二〇年代の今日においてもそのイメージは世間的に共有されているのではないかと思います。当時の宮原の論には戦争への反省や戦中の皇国民錬成《れんせい》教育への反省が踏まえられていたことも間違いないでしょう。そのような教師の理想像は、いわば社会的に蓄積されてきた文化的な財産だと言ってもよいと思います。今日における「質の高い教師」論は、こうして蓄積されてきた民主的な教育についての社会的合意という文化的な財産を壊していくことになるのではないかと危惧します。

宮原は当時の現実にたって「事態がかんたんなものではないことを思い知らされる。病根はすでに深いのである」[2]と以下のように指摘もしていました。

「そして、このような境涯に落ちこみつつある教師から、さらにいっそう生気をうばう切実なものがある。それは教師の疲労である」と言い、自身が行った東京都下と山口県宇部市での調査の結果を報告しています。「日本の教師は疲れている。私は最近、日本の教師の生活の精神文化面、つまり教師の読書や趣味や娯楽の実状を明らかにしたいと思い、これについての予備的な調査を行ったのであるが、じつはつぎの訴えがわれわれの得た回答であった。曰《いわ》く、われわれ教師には時間的余裕も経済的余裕もなく、教養も娯楽も意にまかせない。われわれは疲れている、と。[3]」

それでは現代の教師をめぐる状況はどうでしょうか。今日では、学校はブラックな職場だと言われ、教師はいっそう自律性を奪われています。「子どもとふれあう時間がほしい」という願いは、教師の要求アンケートでいつも上位にくる回答です。そうなるのは、それが生きがいや働きがいを感じる場面だからです。その願いさえ思うに任せず、そして、精神疾患を患い病気休職にまで追い込まれる教師が増え続けるという事態です。一九五〇年に「深い」と言われた「病根」はいまだに根を張っているのです。それを根こそぎ改善するような改革には、教員の抜本的な増員と創造的な実践の自由、それを支える自由な時間と自律性の保障こそ必須だと思います。

ところが、いま賑《にぎ》やかに論じられているのは「働き方改革」です。私はこれに違和感を感じてきました。それはあたかも「教師の働き方」に問題があると、問題を教師の側に求めて、改善を自助努力に負わせる雰囲気を感じたからです。私は教師にそのようなブラックな働き方をさせている制度やシステム、つまり「働かせ方」こそが本当の問題だと思います。

必要なのは「働かせ方改革」です。また、「改革」の名の下にさまざまな処方箋《しょほうせん》を出すにしても、それを活《い》かす基礎体力を回復するという課題がまずあるのではないかと思います。そして、子どもの人間的成長を願う観点を貫く教師のしごととその教師像を社会的合意にしたいものだと願います。それは現場で研究し反省的実践家として育つ教師を励ますことになると思うからです。そのようにして、子どもも教師も楽しいと思える学校をつくるにはどうすれば良いかを考え合いたいのです。本書が少しでもその手がかりになれば嬉《うれ》しいです。

本書は私が二〇〇七年からこれまでに発表した論文を集めたものです。もちろん加筆や修正を加えたものですが、もとが寄せ集めの文章だけに、内容にも表現にも重なりが目立ち、気になる点が多々ありました。そのような原稿を丁寧に読んで編集の労を執り、貴重で的確な助言をくださった新日本出版社の藤田優さんには心から感謝します。ありがとうございました。

二〇二五年三月一五日

福井　雅英

注

◆1　宮原誠一『教師論』（要書房、一九五〇年）。同書を復刻、収録した『戦後日本の教師論文献・資料集成　第1期第1巻』（陣内靖彦監修、日本図書センター、二〇一〇年）からの引用。

◆2　同書、六〜七頁。

◆3　同書、九六〜九七頁。

初出一覧

第1章　木村裕、篠原岳司、杉浦由香里、原未来、福井雅英共著『教師をめざす学びのハンドブック』かもがわ出版、二〇一九年

第2章　「実践を記録することの意味」『教師のしごと』旬報社、二〇一二年
木村裕、篠原岳司、杉浦由香里、原未来、福井雅英共著『教師をめざす学びのハンドブック』かもがわ出版、二〇一九年

第3章　「『カレーの会』ってこんなところです」『手をつなぐ』二〇一九年一一月号
「子ども理解入門」『たのしい体育・スポーツ』二〇二三年秋号
「『教師は現場で育つ』の復権を」『クレスコ』二〇一〇年一二月号
「子どもに心を寄せる思想と教育実践」『いまを生きる』二〇二一年五月
「子ども理解のカンファレンス——育ちを支える現場の臨床教育学への道」『教科研ニュース』二〇二一年六月

第4章　「いま求められる教師の専門的力量とは何か——それをどのように形成するか——『教師の在り方特別部会審議のまとめ』を手がかりに考える」『前衛』二〇二二年四月号
「実践・研究の主体として成長する教師——文科省『新たな教師の学びの姿』から考える」『クレスコ』二〇二三年九月号

第5章　船寄俊雄、近現代日本教員史研究会編著『近現代日本教員史研究』風間書房、二〇二一年

第6章　「教師の専門性と子ども理解のカンファレンス」『臨床教育学研究』第〇巻（二〇一一年）

「思春期の危機や発達を抱える中学校の課題」『障害者問題研究』第四〇巻第四号（二〇一三年）

福井雅英（ふくい　まさひで）
1948年生まれ。神戸大学大学院修了。博士（学術）。北海道教育大学教授、滋賀県立大学教授などを経て、現在、日本臨床教育学会副会長。
著書に『本郷地域教育計画の研究』（学文社、2005年）、『子ども理解のカンファレンス』（かもがわ出版、2009年）、共著に『教師をめざす学びのハンドブック』（かもがわ出版、2019年）、近現代日本教員史研究会編『近現代日本教員史研究』（風間書房、2021年）、『保健室から創る希望』（新日本出版社、2023年）など。

「質《しつ》の高《たか》い教師《きょうし》」とは何《なに》か

2025年4月20日　初　版

著　者　福　井　雅　英
発行者　角　田　真　己

郵便番号　151-0051　東京都渋谷区千駄ヶ谷4-25-6
発行所　株式会社　新日本出版社
電話　03（3423）8402（営業）
03（3423）9323（編集）
info@shinnihon-net.co.jp
www.shinnihon-net.co.jp
振替番号　00130-0-13681

印刷　亨有堂印刷所　　製本　光陽メディア

落丁・乱丁がありましたらおとりかえいたします。

ISBN978-4-406-06878-9 C0037　Printed in Japan